CHEMINS DE FER DE PARIS A LYON ET A LA MÉDITERRANÉE.

SECTION SUD DU RÉSEAU.

Exploitation

MOUVEMENT

LIGNE DE GENÈVE

CIRCULAIRE N°

ANNEXE

AU

Réglement des Chefs de Station

COMPRENANT LES

MODIFICATIONS, SUPPRESSIONS ET ADDITIONS

Faites depuis le 1er juillet 1857 à ce Réglement (1).

CHAPITRE Ier

ATTRIBUTIONS — RESPONSABILITÉ.

ARTICLE PREMIER.

ART. 2.

ART. 3.

(1) Les divisions par paragraphes et articles sont celles des réglements. Les articles conservés sans changements sont indiqués simplement par leur numéro d'ordre; les articles qui ont été l'objet de modifications, suppressions ou additions sont transcrits *in extenso* avec leur nouvelle rédaction. Les parties en caractères italiques indiquent celles des dispositions de ces articles qui ont été maintenues sans changements; celles en caractères ordinaires indiquent les dispositions modifiées ou ajoutées. En conséquence, tous les articles portant le même numéro dans le réglement se trouvent annulés et remplacés par les articles correspondants de la présente annexe.

ART. 4.

Les chefs de station doivent veiller à ce que les agents placés sous leurs ordres soient munis des réglements et des instructions générales et spéciales concernant leur service.

Ils s'assureront fréquemment que ces agents connaissent et comprennent les dispositions de ces réglements et instructions.

Leur attention devra se porter surtout sur les prescriptions intéressant la sécurité du service.

Chaque station doit posséder une collection complète des divers réglements, ordres de service, circulaires, lettres circulaires et avis. Cette collection est tenue au courant par les soins du chef de station et sous sa responsabilité.

De plus, les différents employés reçoivent les instructions concernant le service dont ils sont chargés, et ils signent une déclaration constatant qu'ils en ont pleine et entière connaissance.

Tout employé arrivant à une station doit faire cette déclaration quand bien même il l'aurait faite à une station à laquelle il aurait été précédemment attaché.

Les chefs de station, sous-chefs et élèves sous-chefs de gare; les receveurs, facteurs-chefs et facteurs-commis remplissant les fonctions de chefs de station ou de sous-chefs de gare, doivent connaître :

1° Le réglement des signaux et l'annexe à ce réglement;

2° Le réglement pour les chefs de station et l'annexe à ce réglement;

3° Le réglement pour les conducteurs de train et l'annexe à ce réglement;

4° Le réglement pour les gardes;

5° Le réglement pour les mécaniciens;

6° Le réglement pour les poseurs;

7° Le réglement d'administration publique;

8° Les consignes relatives à la marche des trains;

9° Les instructions pour la comptabilité des tarifs 1 et 2.

Les receveurs, aide-receveurs, facteurs-chefs, aide-facteurs-chefs, facteurs-commis, contrôleurs de route et à l'arrivée doivent connaître :

1° Le réglement des signaux et l'annexe à ce réglement;
2° Le réglement pour les gardes ;
3° Le réglement d'administration publique ;
4° Les instructions pour la comptabilité des tarifs 1 et 2.

Les facteurs surveillants et gardes, les chefs et sous-chefs d'équipe, les hommes d'équipe remplissant les fonctions de facteurs surveillants ou de sous-chefs d'équipe, doivent connaître :

1° Le réglement des signaux et l'annexe à ce réglement;
2° Le réglement pour les gardes ;
3° Le réglement d'administration publique.

CHAPITRE II.

MESURES DE SURETÉ.

§ Ier.

Police et surveillance des voies et des signaux fixes.

ART. 5.

ART. 6.

ART. 7.

ART. 8.

Art. 9.

Art. 10.

§ II.

Composition des Trains.

Art. 11.

Art. 12.

Art. 13.

Les trains de voyageurs ne peuvent se composer de plus de 24 voitures.

Il doit toujours y avoir en tête de chaque train, entre le tender et la première voiture de voyageurs, autant de voitures ne portant pas de voyageurs, que de machines attelées.

Il ne peut être dérogé à cette prescription, que dans le cas où, par suite de retard ou d'accident, il devient nécessaire, dans le cours du trajet, d'atteler une machine de renfort à un train, dont le parcours devait primitivement s'accomplir avec une seule machine.

Il doit toujours y avoir en queue de chaque train de voyageurs un waggon à frein.

Outre le waggon à frein d'arrière, il doit y avoir dans les trains de voyageurs composés de 8 à 15 voitures, un fourgon ou une voiture à frein et deux dans les trains composés de 16 à 24 voitures.

En conséquence, lorsque par suite d'affluence de voyageurs ou de tout autre motif, un chef de station ajoute à un train des voitures ou des waggons et porte la composition de ce train à plus de quinze voitures, il doit prendre les mesures nécessaires pour qu'il y ait un frein en sus des deux qui se trouvaient précédemment dans la composition normale de ce train.

Les voitures entrant dans la composition des trains de voyageurs doivent être attelées de telle manière que les tampons soient toujours en contact.

ART. 14.

ART. 15.

La composition des trains de marchandises est réglée sur les diverses sections de la ligne d'après les pentes, les saisons et la puissance des machines.

Dans tous les cas il doit y avoir en queue de chaque train de marchandises un waggon à frein.

Il doit être entendu que cette prescription n'est pas obligatoire pour les trains de ballast et les trains de service, si elle n'a pas été ordonnée par l'avis du chef du mouvement autorisant la circulation de ces trains.

ART. 16.

Dans toutes les stations de dépôt, des vérificateurs dépendant du service de la traction sont chargés de visiter en détail toutes les voitures, à l'arrivée et au passage des trains.

Toutes les fois qu'un vérificateur du matériel reconnaît qu'un véhicule a besoin d'être réparé, il colle des étiquettes sur les deux côtés du chassis de ce véhicule :

Ces étiquettes détachées d'un carnet à souche sont de trois espèces.

Etiquettes jaunes, à réparer sur place.

id. blanches, à envoyer vide aux ateliers de. . . . .

Etiquettes vertes, à envoyer aux ateliers de. . . . après déchargement.

Le vérificateur remet en double expédition au chef de station la souche des étiquettes apposées sur le matériel.

Le chef de station rend au vérificateur une des souches sur laquelle il a apposé sa signature.

Toutes les fois qu'un véhicule a été désigné au moyen d'une étiquette **jaune** à réparer sur place, il ne doit être mis en circulation, sous aucun prétexte jusqu'à ce que le vérificateur ait fait connaître, au moyen d'un bulletin de remise en circulation, que la réparation a été effectuée.

Toutes les fois qu'un véhicule a été désigné au moyen d'une étiquette **blanche** à envoyer vide aux ateliers de. . . . . . . il est expédié par un train de marchandises au point désigné.

Toutes les fois qu'un véhicule a été désigné au moyen d'une étiquette **verte** à envoyer aux ateliers de. . . . . après déchargement, il peut continuer sa route jusqu'à destination, et c'est la station qui le retire du train qui le renvoie par train de marchandises aux ateliers.

Les chefs de station doivent exclure des trains tout le matériel qui leur est signalé ou qu'ils jugent eux-mêmes comme étant hors d'état d'être mis en circulation, alors même que les formalités qui viennent d'être énoncées n'auraient pas été remplies.

Ces dispositions s'appliquent aux waggons à marchandises comme aux voitures des trains de voyageurs.

ART. 17.

ART. 18.

Il est défendu d'admettre dans les trains qui portent des voyageurs aucune matière pouvant donner lieu, soit à des explosions, soit à des incendies.

En conséquence les acides et les déchets d'acides ou les articles susceptibles de s'enflammer par choc, frottement, contact ou influence, tels que la poudre à feu, le phosphore, les pièces d'artifice, les allumettes chimiques, les poudres fulminantes et les waggons chargés de paille, de coton, de foin ou de bois de chauffage sont exclus de la composition des trains de voyageurs et des trains mixtes.

ART. 18 *bis*.

Les waggons chargés de rails ou de pièces de bois ayant plus de 4 mètres de longueur, ne doivent pas être admis dans la composition des trains de voyageurs et des trains mixtes.

Il ne peut être fait exception à cette mesure que pour les rails, bouts de rails, pièces de changement de voie etc. etc. qui peuvent être chargés dans les brakes ou les fourgons à bagages.

ART. 18 *ter*.

Les waggons chargés de noir animal, de fûts de sang, de cuirs verts ou de tout autre matière infecte, dont le dépôt aux termes des réglements formerait un établissement incommode ou insalubre, ne peuvent être adjoints aux trains de toute nature contenant des voyageurs.

Il ne peut être fait exception à cette mesure que sur l'autorisation de l'administration supérieure et dans les conditions prescrites par cette autorisation.

§ III.

Circulation des trains.

ART. 19.

ART. 20.

ART. 21.

Aucun train ne doit quitter ou dépasser une gare, avant qu'il se soit écoulé, depuis le départ ou le passage du train précédent, un intervalle de dix minutes.

Toutefois, l'intervalle pourra être réduit à cinq minutes, **mais seulement d'après les indications portées sur le tableau de la marche des trains ou sur un ordre spécial du Chef du Mouvement,** *dans les cas suivants :*

1° *Lorsque le premier train marchera plus vite que le second ;*

2° *Lorsqu'un train de voyageurs partira d'une station où un train de voyageurs précédent ne se sera pas arrêté ;*

3° *Lorsqu'un train de marchandises partira d'une gare où un train précédent ne se sera pas arrêté ;*

4° *Lorsque la distance à parcourir sur la même voie par les trains qui se suivront, n'excédera pas quatre kilomètres.*

ART. 21 *bis.*

Les trains de voyageurs omnibus étant quelquefois, au moment où ils approchent de leurs points de garage ou d'arrivée, suivis de près par les trains de voyageurs express, il importe que les mécaniciens conduisant les trains express, soient informés de l'heure exacte des départs des trains omnibus qui les précèdent immédiatement.

En conséquence, à l'arrêt des trains express, précédant les points où ils doivent dépasser des trains omnibus, les chefs de station doivent remettre aux machinistes des trains express, un bulletin indiquant l'heure à laquelle ces trains omnibus sont partis.

ART. 22.

ART. 23.

ART. 24.

ART. 25.

ART. 26.

ART. 27.

ART. 28.

ART. 29.

ART. 30.

ART. 31.

§ IV.

Manœuvres.

ART. 32.

ART. 33.

Le premier soin des chefs de station, lors de l'exécution des manœuvres qui engagent les voies principales, doit être de couvrir ces voies par les signaux d'arrêt, conformément aux prescriptions de l'article 6 du réglement, de telle sorte que l'arrivée imprévue d'un train ou d'une machine ne puisse amener aucun accident.

ART. 33 *bis*.

Les trains ou machines ne doivent pas manœuvrer sur une voie principale au moment où un train passe sur la voie opposée.

Il est également défendu de faire des manœuvres sur une voie latérale à une voie principale au moment où un train passe sur cette voie principale.

Art. 34.

Pendant les manœuvres, on devra toujours prendre les précautions nécessaires pour que les waggons ou parties de train, abandonnés à eux-mêmes, ne puissent être mis en mouvement, soit par l'action du vent, soit par leur propre poids sur les pentes, soit par toute autre cause.

A cet effet, on serrera le nombre de freins nécessaire, et, en cas d'insuffisance du nombre des freins, les voitures et waggons seront calés.

Les chefs de station doivent toujours faire caler les voitures ou waggons entreposés dans des voies de garage ayant accès sur les voies principales, au moyen d'un rondin en bois, passé dans les rayons des roues de devant du waggon le plus rapproché de l'aiguille donnant accès sur la voie principale.

Art. 35.

Des signaux devront toujours être faits au point convenable, pour que les mécaniciens évitent les brusques rencontres, en rejoignant des parties de train les unes avec les autres, et pour que des waggons ne soient pas poussés au delà des extrémités des voies.

Art. 35 *bis*.

Il est interdit de la façon la plus absolue, à tous les agents de la Compagnie, de monter sur les marchepieds des locomotives lorsqu'elles sont en marche.

Il est également interdit aux employés de s'introduire entre les waggons qu'ils doivent décrocher ou atteler, avant l'arrêt complet d'un train ou d'une portion de train en manœuvre.

Art. 36.

§ V.

Garages.

ART. 37.

ART. 38.

Lorsqu'un train est garé pour laisser passer un train de marche plus rapide, si ce dernier train porte les signaux annonçant qu'il a été dédoublé ou le passage d'un train spécial, le premier train doit rester garé jusqu'après le passage du train supplémentaire ou du train spécial.

Cette prescription s'applique aussi bien aux garages réguliers réglés par le tableau de la marche des trains, qu'aux garages accidentels qui font l'objet de l'article précédent.

Il ne pourra y être fait exception que pour un train spécial et lorsque l'itinéraire de ce train spécial ayant été annoncé d'avance au chef de station, l'heure fixée pour le passage de ce train sera telle, que le train garé pourra être expédié avec une avance plus grande sur le train spécial que la limite spécifiée par le tableau des consignes. Dans ce cas, le chef de station fera partir le train garé, après lui avoir fait placer les signaux annonçant le train spécial. S'il arrivait ensuite que le train spécial, ayant pris de l'avance, survint avant que l'intervalle limité fût écoulé, le chef de station l'arrêterait et le retiendrait jusqu'après l'expiration de cet intervalle.

Art. 38 *bis*.

Lorsqu'un train ayant été dédoublé, le train supplémentaire doit se garer pour laisser passer un train express, à un point précédant celui où a été garé le train dédoublé, le train express se trouve intercalé entre le train dédoublé et le train supplémentaire depuis le point de garage du second jusqu'au point de garage du premier.

Pendant ce parcours le train express ne porte aucun signal pour annoncer le train supplémentaire, les employés étant suffisamment prévenus par les signaux placés sur le train dédoublé.

Art. 39.

Art. 40.

§ VI.

Trains facultatifs.

Art. 41.

Les trains facultatifs ne peuvent avoir lieu qu'avec l'autorisation du chef du mouvement.

En conséquence, lorsque le chef d'une station de dépôt reconnaît la nécessité d'expédier un ou plusieurs des trains facultatifs portés sur le tableau, il doit aussitôt en aviser par le télégraphe le chef du mouvement.

Sauf le cas d'autorisation spéciale du chef du mouvement, un train facultatif ne peut avoir lieu qu'autant que l'ordre d'expédition arrive à la gare de départ assez à l'avance pour que ce train soit annoncé par les signaux du train précédent.

Dans aucun cas, l'annonce ne doit être faite sur la ligne avant l'arrivée de l'ordre d'expédition.

Toutes les fois qu'un chef de station fait placer sur un train les signaux annonçant le passage d'un train facultatif, il doit en faire mention sur la feuille de route du premier train en indiquant le point où ces signaux doivent être enlevés.

§ VII.

Trains spéciaux.

Art. 42.

Art. 43.

Art. 44.

Art. 45.

§ VII *bis*.

Trains dédoublés.

Art. 45 *bis*.

Lorsque, par suite d'affluence de voyageurs, les 24 voitures pouvant former la composition des trains de voyageurs sont insuffisantes, ces trains peuvent être dédoublés, c'est-à-dire qu'un second train supplémentaire non prévu par la marche des trains peut suivre le premier à 20 minutes d'intervalle.

Les trains ne peuvent être dédoublés que par ordre des chefs, sous-chefs ou inspecteurs du mouvement.

La marche du train supplémentaire est remise au mécanicien et au chef de train.

La composition du train qui est dédoublé ne peut être portée à plus de 15 voitures par les adjonctions faites aux stations intermédiaires.

Le train supplémentaire peut, en cas de besoin, être composé de 24 voitures.

Le train supplémentaire est désigné par le numéro bis du train qu'il supplée.

L'expédition du train bis doit être annoncée par les signaux du train dédoublé, et le chef de la station de départ doit en faire mention sur la feuille de route du train dédoublé.

§ VIII.

Trains pour le service de l'entretien de la ligne.

Art. 46.

Les trains pour le service de l'entretien ne peuvent avoir lieu que sur des ordres écrits du chef du mouvement.

Ces ordres prescrivent, indépendamment de l'itinéraire des trains, les mesures spéciales de précaution à prendre lors des arrêts sur la ligne et désignent, les employés chargés, sous leur responsabilité, d'assurer la marche de ces trains.

En général, les mesures de précaution à prendre lors des arrêts consistent à couvrir le train par les signaux faits à l'arrière à la distance réglementaire conformément à ce qui est prescrit par l'art. 31 du réglement des conducteurs de train.

Mais, si le train doit faire de fréquents arrêts entre deux stations, sur un parcours peu étendu et lorsqu'il s'agit par exemple de distribuer du matériel destiné au renouvellement de la voie, ces mesures peuvent être insuffisantes ou d'une exécution difficile si non impossible.

Dans ces circonstances, l'ordre du chef du mouvement peut prescrire au chef du train de se faire couvrir pendant toute la durée du parcours du train, d'une station à la station suivante, par les signaux d'arrêt de la première station. Lorsque ce cas se présente, le chef de train se concerte avec le chef de la première station et fixe le temps qui lui est nécessaire pour gagner la station suivante, en tenant compte de la durée de tous les arrêts qu'il doit faire dans l'intervalle. Il remet au chef de station un bulletin indiquant qu'aucun train ou machine suivant la même voie que le train de service, ne doit dépasser la station avant l'heure fixée pour l'arrivée de ce train de service à la station suivante. Ce bulletin est extrait d'un carnet à souche [M (T) 116], et le chef de station en donne un reçu signé sur la souche.

Ces mesures prises, les signaux fixes de la station sont maintenus à l'arrêt pour la voie parcourue par le train de service jusqu'à l'heure fixée par le bulletin, et pour plus de sûreté le signal d'arrêt est répété pendant cet intervalle sur le trottoir par un employé de la station. DANS AUCUN CAS ET SOUS QUELQUE PRÉTEXTE QUE CE SOIT, AUCUN TRAIN OU MACHINE SUIVANT LA MÊME VOIE QUE LE TRAIN DE SERVICE NE PEUT ÊTRE AUTORISÉ A CONTINUER SA MARCHE AVANT L'HEURE INDIQUÉE SUR LE BULLETIN.

Les postes de bifurcation situés en dehors des stations sont considérés comme des stations en ce qui concerne l'exécution de ces dispositions.

§ IX.

Retards des trains. — Service des machines de secours.

Art. 47.

Art. 48.

L'ordre de départ des machines de secours ne peut être donné que par le chef de station, ou, en son absence, par l'employé appelé à le remplacer.

Lorsque, par suite du retard d'un train, ou d'un

accident survenu sur la ligne, il y a lieu d'expédier une machine de secours d'une station où réside un commissaire de surveillance administrative, le chef de station doit en donner immédiatement avis à ce fonctionnaire; afin que, s'il est dans la station, et croit devoir se rendre de suite à la rencontre du train en détresse, ou sur le lieu de l'accident, il puisse être transporté sur la machine. S'il est absent de la station, l'avis de l'accident lui est transmis par écrit, mais la machine est expédiée immédiatement.

ART. 49.

ART. 50.

ART. 51.

§ X.

Circulation temporaire sur une seule voie.

ART. 52.

Lorsqu'une des deux voies sera momentanément interceptée par suite d'accident, de réparation ou pour toute autre cause, la circulation des trains pourra avoir lieu sur la seule voie libre, dans les conditions suivantes :

Un employé pilote sera désigné pour accompagner les trains et les machines sur la voie unique ;

Des gardes seront placés aux deux extrémités de cette voie ;

Ces gardes recevront l'ordre écrit de ne laisser engager sur la voie unique aucun train, aucune machine sans la présence à l'aiguille de l'employé pilote ;

Tous les trains et toutes les machines, quelle que soit leur direction, devront être arrêtés à leur entrée sur la voie unique ;

Le premier train qui passera sur la voie unique en sens contraire de la circulation normale sur cette voie, ne pourra, dans un cas, s'y engager avant que l'employé pilote ait reçu l'assurance que la voie est libre, qu'un garde est placé à l'autre extrémité et que ce garde a reçu l'ordre écrit de ne laisser engager aucun train, aucune machine sur la voie unique, sans la présence à l'aiguille de l'employé pilote et sans son ordre;

Toutes les fois que les poseurs n'auront pas été prévenus en temps utile de la circulation à contrevoie, le mécanicien du premier train qui passera sur la voie unique en sens contraire de la circulation normale sur cette voie, devra marcher avec la plus grande prudence et être en mesure de s'arrêter immédiatement si cela est nécessaire ;

Il préviendra les gardes et les poseurs, qui, à partir de ce moment, devront protéger **en avant et en arrière**, *à la distance réglementaire, les travaux de nature à intercepter la circulation ;*

Lorsque plusieurs trains devront être successivement expédiés dans le même sens, avant le passage d'un train venant en sens contraire, le dernier de ces trains sera seul accompagné par l'employé pilote ;

Le garde de la tête de la voie unique sera, dans ce cas, autorisé par l'employé pilote présent lui-même à l'aiguille, à laisser pénétrer les trains non accompagnés ;

En cas d'urgence, ce service sera organisé par les chefs des deux stations entre lesquelles se trouve l'obstacle, sous la direction de celui de ces deux employés qui se trouvera le plus élevé en grade d'après la classe des stations, ou du plus ancien en grade, si les deux stations sont de la même classe.

Les dépêches télégraphiques échangées dans ces circonstances par les deux chefs de station doivent être passées en toutes lettres, sans abréviations, et l'accusé de réception doit être donné par la répétition mot pour mot de la dépêche même.

§ XI.

Transport des poudres.

Art. 53.

Les chefs de station doivent se conformer rigoureusement aux prescriptions suivantes qui règlent le transport des poudres :

1° Conformément à l'article 21 de l'ordonnance réglementaire du 15 novembre 1846, sur la police, la sûreté et l'exploitation des chemins de fer, il est interdit d'admettre les poudres de guerre, de mine ou de chasse, dans les trains de voyageurs ou dans les trains mixtes. Ces matières ne peuvent être transportées que par les trains de marchandises ne comprenant aucun waggon de voyageurs.

2° Les poudres de guerre doivent toujours être livrées aux chemins de fer dans de doubles barils. Les poudres de mine ou de chasse sont enfermées dans un sac de toile ou dans des cartouches de papier, et placées dans un baril ou dans une caisse de bois. Les munitions confectionnées sont enfermées dans des caisses ou barils, selon l'espèce, le tout conformément au mode en usage pour le transport ordinaire de ces poudres.

3° Les barils ou caisses de poudres sont chargés sur des waggons couverts et fermés, à panneaux pleins, munis de ressorts de choc et attelés au contact.

4° Lorsqu'un waggon sert au transport de la poudre, son plancher doit être couvert d'un prélart imperméable, de manière à prévenir le tamisage sur la voie.

5° Il est interdit de faire usage, pour le transport des poudres, de waggons armés de freins (1).

6° La charge d'un waggon à poudre, y compris les fûts, est limitée à cinq mille kilogrammes.

Le poids brut d'une livraison ne dépassera pas la charge de dix waggons, c'est-à-dire cinquante mille kilogrammes au maximum.

7° Les waggons chargés de poudres sont placés à l'extrémité du train opposée à la locomotive. Ils doivent cependant être toujours suivis de trois waggons au moins non chargés de poudres, ni de munitions de guerre, qui forment la queue du train.

Dans les manœuvres à opérer pour la composition et la décomposition des trains dans les gares, les waggons chargés de poudres ne peuvent être manœuvrés à l'aide de machines locomotives.

8° Toute livraison de poudres ou de munitions de guerre excédant cinq cents kilogrammes, poids brut,

---

(1) Par décisions ministérielles, en date des 4 et 29 mai, l'emploi des waggons à freins a été autorisé sous les réserves suivantes :

1° Il est interdit de faire usage du frein ;

2° Les surfaces des ferrures des axes ou leviers de transmissions qui pourraient être apparentes dans les waggons seront soigneusement recouvertes d'étoffe ou enveloppées par des manchons en bois.

doit être escortée par la gendarmerie. Au lieu du départ, l'escorte est requise par l'agent chargé de l'expédition. Le commandant de gendarmerie à qui la réquisition est adressée transmet d'urgence, aux commandants de gendarmerie des villes où l'escorte doit être relevée, un avis faisant connaître le jour et l'heure d'arrivée du train.

Un avis semblable est transmis aux mêmes autorités à la diligence des chefs de gare. En outre, ces employés préviennent le commissaire de surveillance administrative des gares de départ et d'arrivée et de toute station où un transbordement doit avoir lieu, afin que la manutention des chargements puisse être surveillée.

L'escorte est toujours composée de deux gendarmes au moins.

9° L'escorte préposée à la garde des poudres prend place avec le conducteur du train.

Il lui est formellement interdit, ainsi qu'aux agents du train, de monter, pendant le trajet, sur les waggons chargés de poudres.

10° Pendant le séjour momentané des poudres dans les les gares, l'escorte ne doit jamais les perdre de vue, ni s'en éloigner.

11° Les Compagnies sont prévenues, vingt-quatre heures à l'avance, des transports de poudres ou de munitions de guerre qu'elles ont à effectuer.

Lorsque le trajet doit avoir lieu en totalité ou en partie sur des lignes à une seule voie, les Compagnies sont prévenues trois jours à l'avance. Elle font connaître dans le plus bref délai, à l'Administration de la guerre, le jour et l'heure du départ des trains. Les livraisons des poudres et de munitions aux gares se font en conséquence.

Les poudres sont reçues les dimanches et jours fériés, même après l'heure de midi.

Lorsque les poudres doivent être expédiées par un train de nuit, elles sont amenées à la gare deux heures au moins avant le coucher du soleil, et chargées dans les waggons avant la nuit.

12° Chaque livraison de poudre doit être expédiée de gare en gare et jusqu'à destination par le plus prochain train susceptible de recevoir cette nature de chargement. Lorsque le passage d'une ligne à une autre rend un transbordement nécessaire, cette opération ne doit s'effectuer, dans la dernière gare de la première ligne, que lorsque la gare de tête de la seconde est en mesure de recevoir le chargement et de l'expédier.

Cette expédition a lieu immédiatement pour les trains arrivés deux heures au moins avant le coucher du soleil. Pour les trains arrivés plus tard, on l'ajourne au lendemain matin, les transbordements ne devant être effectués que de jour.

13° Conformément aux dispositions du réglement du 15 décembre 1856 (titre III, article 13), les directeurs d'artillerie reçoivent dans l'enceinte des arsenaux les voitures chargées de poudre, quelle que soit l'heure à laquelle elles se présentent; si elles arrivent la nuit, ils les font conduire à proximité des magasins et attendent jusqu'au jour pour faire opérer le déchargement.

14° Lorsque le transport des poudres et des munitions de guerre doit être effectué, des magasins de l'Etat à la gare du chemin de fer ou réciproquement, sur des waggons appartenant à l'Administration de la guerre, cette Administration prend les mesures nécessaires pour que son matériel ne séjourne pas plus de deux heures dans l'enceinte du chemin de fer et de ses dépendances.

15° Le présent réglement n'est pas applicable aux expéditions de poudres de moins de deux cents kilogrammes. Toutefois, les livraisons inférieures à cette quantité sont placées dans des waggons fermés et couverts, ne contenant aucune autre matière explosible ou spontanément inflammable. Elles sont signalées d'une manière spéciale à l'attention du chef de train.

16° Aucune livraison de poudres ne doit être acceptée par les Compagnies, sans une feuille d'expédition régulière.

§ XI *bis*.

Recommandations relatives au transport des waggons plombés.

Art. 53 *bis*.

Les waggons plombés par la douane portent une inscription à la craie, indiquant qu'ils sont plombés; mention en est également faite sur les feuilles de chargement.

En prenant charge d'un train, les conducteurs doivent s'assurer avec le plus grand soin que les plombs de la douane sont en bon état.

Chaque waggon a deux plombs. Si en cours de route, un conducteur de train s'aperçoit qu'un plomb est rompu, il doit en prévenir le chef de la première station ouverte au service des marchandises où son train s'arrête, et le chef de station fait retirer le waggon de la cirulation.

Si par suite de rupture d'essieu, de déraillement ou de tout autre accident se produisant entre deux stations un waggon plombé ne peut continuer sa route, et s'il est nécessaire, pour rétablir la circulation, de décharger ce waggon, le déchargement est fait sans avoir égard aux plombs de la douane.

§ XII.

Accidents.

Art. 54.

Dans le cas où il arriverait un accident, le chef de la station la plus voisine aurait à en donner avis immédiatement à l'autorité locale, au chef du mouvement et au commissaire de surveillance administrative.

Les avis à adresser au chef du mouvement et au commissaire de surveillance devront être transmis par le télégraphe. Si la station n'a pas de poste télégraphique, le chef de station enverra une dépêche par le premier train au poste le plus voisin, avec invitation de la transmettre immédiatement.

L'envoi des dépêches télégraphiques ne dispensera pas les chefs de station des avis écrits qu'ils doivent adresser, dans tous les cas, au chef du mouvement et au commissaire de surveillance.

Ces prescriptions s'appliquent aux événements de toute nature qui peuvent intéresser la sécurité de la circulation et aux simples tentatives de la malveillance, aussi bien qu'aux accidents proprement dits.

Art. 54 *bis.*

On doit entendre par accident, tout événement ayant occasionné la mort ou des blessures, soit à des voyageurs ou à des agents de la Compagnie, soit à des personnes étrangères qui se seraient introduites dans l'enceinte du chemin de fer, tout événement, tel que déraillement grave, éboulement, incendie, inondation, avarie grave de matériel, etc. qui a amené une désorganisation dans le service en interceptant la circulation sur une ou plusieurs voies.

En cas d'accident, le chef de station doit mettre à la disposition du commissaire de surveillance, sur la réquisition de ce fonctionnaire, un employé pour porter en ville les avis adressés aux autorités.

CHAPITRE III.

MESURES D'ORDRE.

§. 1er.

Personnel des stations.

ART. 55.

Un tableau de service arrêté par le chef du mouvement, sur la proposition du chef de station, indique les fonctions de chacun des employés et les heures de présence.

Ce tableau doit être constamment affiché dans le bureau du chef de station, dans les dépôts des gardes, facteurs et hommes d'équipe.

Le chef de station ne peut s'absenter pendant les heures où il est en service, sans une permission spéciale du chef du mouvement.

Les employés de la station ne peuvent quitter leur poste, sans l'autorisation du chef de station.

Tous les mois les chefs de station posent, aux employés du service du mouvement, des questions détaillées sur les réglements et instructions qu'ils doient connaître. Ils veillent à ce que les employés saisissent bien le sens et la portée des réponses qu'ils font, et s'assurent qu'ils ne répètent pas mot à mot les termes des réglements et instructions sans les comprendre.

Les notes données à chaque employé à la suite de ces examens sont confrontées avec celles qui sont fournies par les inspecteurs du mouvement, et tout chef de station qui a donné à un employé des notes favorables qu'il ne méritait pas, est rigoureusement puni.

Art. 55 *bis*.

Lorsque par suite d'adjonction de matériel à un train de voyageurs ou à un train mixte, sa composition a été portée à plus de quinze voitures, le chef de station donne l'ordre à un employé de partir avec ce train pour manœuvrer un troisième frein : il désigne de préférence un chef de train ou un garde-freins de réserve et à défaut un garde ou un facteur-surveillant.

Les gardes ou facteurs-surveillants désignés pour manœuvrer un troisième frein doivent être munis, le jour comme la nuit :

1° D'une lanterne à trois feux ;
2° D'un drapeau ;
3° D'un étui à pétards ;
4° D'un exemplaire de la marche des trains.
5° D'un bon de retour à la station indiquant le nom et le grade de l'employé, le numéro du train qu'il accompagne et, autant que possible, de celui par lequel il doit revenir à son poste.

Ils sont pendant tout le parcours du train sous les ordres du chef de train et du garde-freins, et à l'arrivée à destination ils sont renvoyés à leur station par le premier train dans le brake ou dans le fourgon à bagages. Ils prennent part, pendant le trajet de retour, au service du train sous les ordres du chef de train et du garde-freins.

Les chefs de station doivent choisir à l'avance ceux des gardes ou facteurs-surveillants qui seront détachés pour le service des trains en cas de besoin. Ils les munissent, contre reçu, d'un réglement de conducteurs de trains.

ART. 56.

Les chefs de station et tous les employés placés sous leurs ordres, doivent être en uniforme complet lorsqu'ils sont en service.

Toutes les parties de leur tenue doivent être conformes au réglement ci-annexé. (Note A page).

Les chefs de station doivent veiller à ce que les employés placés sous leurs ordres soient toujours tenus avec la plus grande propreté. Ils prescriront la réparation ou le renouvellement immédiat des effets qui ne seraient pas dans un état convenable.

ART. 57.

Le service des stations doit se faire en toute circonstance avec calme et sans bruit.

Les chefs de station doivent donner leurs ordres par signes ou à voix basse. Il doit en être de même pour toutes les communications que les employés des stations échangent, soit entre eux, soit avec les agents des trains.

C'est surtout sur les trottoirs et dans les vestibules, que ces prescriptions doivent être observées.

Pendant le séjour des trains dans les stations, il faut que les voyageurs n'entendent que l'annonce du nom de la station, et les communications entre les employés de la station et les agents des trains doivent se borner à celles qui sont rigoureusement nécessaires pour l'exécution du service.

ART. 57 *bis*.

Il est interdit aux chefs de station et autres employés de délivrer aux agents placés sous leurs ordres des certificats de quelque nature qu'ils soient. Les chefs de service ont seuls qualité pour délivrer de pareilles pièces et pour apprécier les actes qui leur sont signalés.

Art. 57 *ter*.

Tout agent de la Compagnie dont le traitement est frappé d'opposition est tenu d'en faire donner la mainlevée dans un délai d'un mois après la date à laquelle signification de la saisie lui a été faite. Les employés qui ne peuvent pas satisfaire dans ce délai à cette obligation, sont, à son expiration, considérés comme démissionnaires.

§. II.

Police des cours extérieures. — Services d'Omnibus.

Art. 58.

§. III.

Mesures concernant les personnes étrangères au service.

Art. 59.

Il est défendu à toute personne étrangère au service du chemin de fer de s'introduire dans l'enceinte du chemin de fer, d'y circuler ou d'y stationner.

Sont exceptés de cette défense : MM. les préfets, sous-préfets et procureurs impériaux.

En sont également exceptés : les maires et adjoints, les commissaires de police, les officiers de gendarmerie, les gendarmes et autres agents de la force publique, les préposés aux douanes, aux contributions et aux octrois, les gardes champêtres et forestiers, dans l'exercice de leurs fonctions et revêtus de leurs uniformes ou de leurs insignes.

MM. les inspecteurs des finances sont admis dans l'intérieur des gares sur la présentation de leur commission.

Dans tous les cas, les fonctionnaires et agents désignés ci-dessus sont tenus de se conformer aux mesures de précaution prescrites par l'administration supérieure.

ART. 60.

§ IV.

Mesures concernant les Voyageurs.

ART. 61.

ART. 62.

En règle générale, la distribution des billets doit être arrêtée **cinq minutes**, *et la réception des bagages* **quinze minutes** *avant l'heure effective du départ des trains.*

Mais les chefs de station ne doivent pas hésiter à admettre les voyageurs et les bagages qui seraient présentés tardivement, toutes les fois qu'il ne devra pas en résulter de retards dans l'expédition des trains.

La réception et l'enregistrement des bagages doivent s'effectuer jusqu'au moment de l'arrivée du dernier omnibus, dans les gares auxquelles sont annexés des bureaux de ville.

ART. 63.

Les voyageurs munis de billets, doivent être seuls admis dans les salles d'attente.

Les vestibules des stations sont constamment ouverts au public. Les voyageurs arrivant par les trains et désirant attendre, soit les voitures de correspondance, soit un autre train, ainsi que les personnes accompagnant ou attendant des voyageurs peuvent y séjourner et y circuler librement.

Au moment du départ des trains et aux heures fixées par les réglements pour la clôture de la distribution des billets et de l'enregistrement des bagages, on ferme les guichets des receveurs et des facteurs-chefs des bagages, et on laisse ouvertes les portes d'entrée des vestibules.

Il est entendu que toutes les personnes qui sont dans les vestibules doivent se conformer aux réglements de la police des stations, et que l'entrée de ces vestibules est interdite aux agents d'hôtels, aux marchands etc. ainsi qu'aux vendeurs de journaux autres que ceux dûment autorisés.

ART. 64.

ART. 65.

ART. 66.

Lorsque les voyageurs sont porteurs d'armes à feu, les chefs de station doivent faire visiter ces armes et veiller à ce qu'elles soient déchargées avant que les voyageurs soient admis dans les salles d'attente ou dans les voitures.

Par exception les gendarmes sont autorisés à conserver leurs armes chargées.

ART. 67.

Aucun chien ne doit être admis dans les stations ou dans les trains s'il n'est muselé. Il est remis, à cet effet, à tous les chefs de station, des muselières qui sont livrées aux voyageurs au prix coûtant.

Sauf le cas où des compartiments spéciaux seraient affectés aux voyageurs qui demanderaient ou consentiraient à garder leurs chiens avec eux, ces animaux ne pourront être admis dans les voitures à voyageurs.

Toutes les fois qu'un voyageur est autorisé à garder un chien avec lui, le bulletin d'enregistrement du chien doit être retiré de ses mains et remis au conducteur du train, afin qu'il l'épingle à la feuille de route des bagages destinés à la station où s'arrête le voyageur.

Lorsque les contrôleurs de route ou d'arrivée trouvent dans les voitures un voyageur conduisant un chien, ils doivent, avant de percevoir, demander aux conducteurs du train s'ils ont ou non le bulletin d'enregistrement du chien admis dans les voitures.

ART. 68.

ART. 69.

Lorsque les voyageurs ont à passer d'un trottoir sur l'autre, soit au départ, soit à l'arrivée des trains, le chef de station doit veiller à ce qu'ils ne traversent les voies que sur des points où ils ne peuvent courir aucun danger.

La traversée doit d'ailleurs toujours avoir lieu sous la surveillance du chef de station ou d'un employé spécialement désigné à cet effet et dans les conditions suivantes :

1° Au départ, en face du bâtiment des voyageurs, avant l'arrivée des trains qui doivent stationner moins de 10 minutes, et, sur ce même point, après que les trains ont été coupés, si le temps d'arrêt doit excéder 10 minutes.

2° A l'arrivée, derrière les trains qui doivent séjourner moins de 10 minutes et en face du bâtiment après que les trains ont été coupés sur ce point, si le stationnement doit excéder 10 minutes.

ART. 70.

ART. 71.

ART. 72.

Aucun voyageur ne peut être autorisé à monter dans un train lorsque le signal de départ est donné, et que le mécanicien a fait entendre le coup de sifflet annonçant qu'il se met en marche.

ART. 72 *bis*.

Les chefs de station ne doivent pas donner le signal de départ aux trains qui ont dans leur composition des bureaux ambulants de l'administration des postes avant que les employés aient annoncé, au moyen d'un timbre, que le travail des dépêches est terminé.

Si, par le fait du service des postes, un arrêt à une station est prolongé au delà du temps prescrit par la marche des trains, les chefs de station se bornent à indiquer sur leur rapport la cause du retard et donnent aux chefs de train l'ordre d'en faire également mention sur leur feuille de route.

ART. 73.

Les employés des stations doivent se prêter autant que possible aux convenances des voyageurs pour le choix des places dans les voitures. Ils veilleront surtout à ne pas séparer les personnes d'une même famille ou voyageant ensemble.

Ils doivent s'attacher, néanmoins, à ne pas trop disséminer les voyageurs dans les voitures.

ART. 73 *bis*.

Des compartiments de 1re classe pour les dames voyageant seules sont réservés dans les trains désignés par le chef du mouvement. Un écriteau spécial est attaché à la portière de ces compartiments pour en indiquer l'usage.

Dans les trains désignés par l'administration des postes, un compartiment de 2me classe est réservé au courrier et à ses dépêches, et un écriteau est de même appliqué pour indiquer l'usage de ce compartiment.

Dans les trains omnibus, les prisonniers et les aliénés sont placés séparément dans des compartiments réservés de 2me classe. Un écriteau COMPARTIMENT LOUÉ en interdit l'accès aux voyageurs.

Les chefs de station qui réservent un compartiment ou un coupé pour le transport d'une famille, le constatent au moyen d'un écriteau COMPARTIMENT LOUÉ et remettent au chef de train un bulletin spécifiant le numéro de la voiture dans laquelle le compartiment ou le coupé est retenu, le nom de la personne à qui cette faveur est accordée et jusqu'à quel point elle doit être maintenue.

Ces bulletins sont envoyés au chef du mouvement par les chefs de train, épinglés à leur rapport quotidien.

Tous les écriteaux placés sur des compartiments ou coupés en dehors de ces prescriptions doivent être considérés comme nuls et enlevés par les soins des chefs de station et des conducteurs de train.

Art. 73 *ter*.

Lorsqu'un train a été dédoublé, les voyageurs et les bagages sont remis de préférence au train dédoublé, et les chefs des station réservent pour le train supplémentaire les waggons chargés de messagerie.

En conséquence et afin d'éviter au train dédoublé des arrêts prolongés, les chefs de station se font immédiatement indiquer par les conducteurs de ces trains les nombres des places restant libres dans leurs trains et les compartiments où se trouvent ces places.

ART. 74.

Dans le cas où, par suite d'une affluence imprévue à une station intermédiaire, les places viendraient à manquer dans une des classes de voitures, le chef de station fera monter les voyageurs qui ne pourront trouver place dans les voitures de la classe indiquée par leur billet, dans les voitures des autres classes, en se conformant aux prescriptions suivantes :

Trains Express.

Il peut arriver seulement que les places de 1re classe manquent. Dans ce cas, on fera monter les voyageurs porteurs de billets de 1re classe dans les coupés, sans exiger de supplément ;

Trains Omnibus.

Si ce sont les voyageurs de 1re classe qui se trouvent sans place, on les fera monter dans les coupés sans exiger de supplément. S'il n'y a pas de places de coupé disponibles on les invitera à monter *dans les compartiments de 2me classe, en leur annonçant que la différence entre les deux tarifs leur sera remboursée à la station où ils pourront être replacés dans des voitures de 1re classe, ou au point d'arrivée ;*

Si les places de 2me classe manquent, on placera les voyageurs dans les compartiments de 1re classe, sans exiger de supplément ;

Si les places de 3me classe manquent, on placera les voyageurs dans les voitures de 2me classe, en invitant, s'il est nécessaire, un certain nombre de voyageurs de 2me classe à passer dans les 1res, et on ne percevra de supplément ni des uns ni des autres.

Lorsqu'un fait de ce genre se passe dans une station pourvue d'un poste télégraphique, le chef de station doit, immédiatement après avoir expédié le train, prévenir le dépôt de voitures le plus voisin, afin qu'on se trouve prêt à joindre au train le nombre de voitures nécessaire pour classer les voyageurs conformément à leur billet, en remboursant à ceux qui auraient été placés dans une voiture de classe inférieure, la différence de prix correspondant au parcours effectué dans ces conditions.

Dans tous les cas, un chef de station, lorsqu'il se voit forcé à placer des voyageurs dans une voiture d'une autre classe que celle indiquée par leur billet, doit prévenir le chef de train, afin que cet agent aussitôt que des places deviennent disponibles dans les stations suivantes, les offre aux voyageurs déclassés, qu'il pourvoie à l'adjonction des voitures supplémentaires, qu'il fasse rembourser les différences aux voyageurs, ou empêche la perception des suppléments, s'il y a lieu, etc. etc.

Art. 74 *bis*.

Lorsque des trains arrivant en retard dans les stations de bifurcation ou de raccordement, les voyageurs de ces trains ne peuvent pas profiter des correspondances annoncées par les affiches et sur lesquelles ils croyaient pouvoir compter, ou lorsque par suite de négligence des employés chargés d'ouvrir les salles d'attente, des voyageurs manquent le train pour lequel ils avaient pris leurs billets, les chefs de station font partir ces voyageurs par le train le plus prochain quittant la station de départ et *desservant la station de destination* quelles que soient d'ailleurs et la composition de ce train et la classe ou les classes de voitures qu'il contient.

Toutefois, lorsque ce train ne comprend que des voitures de 1re classe, il convient de placer les voyageurs porteurs de billets de 2e et de 3e classe, autant que possible, dans un compartiment spécial.

Les dispositions relatives aux voyageurs ayant manqué des correspondances, s'appliquent aux stations où aboutissent des lignes du réseau et à celles où viennent se raccorder des lignes de Compagnies étrangères.

ART. 74 *ter*.

Lorsque le chef d'une station pourvue d'un poste télégraphique est informé d'une manière quelconque qu'un train de voyageurs aura au départ de sa station UN RETARD D'UNE HEURE AU MOINS, il doit en prévenir de poste en poste jusqu'au point de destination du train, si l'avis n'en a pas déjà été donné par une station précédente.

Les chefs de station qui reçoivent des avis de cette nature doivent faire afficher dans le vestibule de leur station l'annonce de ce retard.

Lorsqu'un avis semblable parvient dans une station qui dessert une préfecture, le chef de station en informe immédiatement le Préfet par écrit. Lorsque l'avis parvient dans une station à laquelle un commissaire de surveillance administrative est attaché, une copie de la dépêche est remise immédiatement à ce fonctionnaire.

Les voyageurs devant partir par le train attardé et les personnes venant attendre à la station ceux qu'il doit amener, sont prévenus verbalement par les employés que ce train peut regagner par sa marche une partie de son retard.

ART. 74 *quater*.

A l'arrivée des trains de voyageurs, l'appel du nom de la station est fait par un employé désigné à cet effet, qui se tient à l'extrémité du trottoir, du côté où doit arriver le train et annonce à haute voix le nom de la station au fur et à mesure que le train passe devant lui. Il suffit que l'appel soit fait une fois devant le milieu de chaque voiture.

Lorsque les trains doivent stationner au moins cinq minutes, les employés désignés attendent que les trains soient entièrement arrêtés pour appeler le nom de la station, ouvrir les portières, annoncer la durée réelle de l'arrêt et prévenir, s'il y a lieu, les voyageurs qui doivent changer de voiture.

ART. 75.

ART. 76.

Les billets des voyageurs s'arrêtant aux stations sont contrôlés et recueillis à la sortie par des employés désignés à cet effet par les chefs de station, qui doivent veiller d'une manière toute particulière à la bonne exécution de ce service.

Les billets recueillis doivent être classés à la fin de chaque journée par station expéditeur et par numéros. Ils sont expédiés le lendemain au contrôle central, avec les pièces comptables de la journée.

Les billets retirés à l'arrivée des mains des voyageurs sont percés d'un emporte-pièce qui les annule.

ART. 77.

ART. 78.

§ V.

Permis de circulation.

Art. 79.

Les chefs de station doivent connaître toutes les dispositions du règlement spécial qui fixe la forme et le mode de délivrance des permis de circulation. (Note B page).

Ils donnent aux employés placés sous leurs ordres les instructions nécessaires pour l'exécution de ces dispositions.

Art. 80.

Art. 81.

Art. 82.

Art. 83.

§ VI.

Interdictions concernant la circulation sur les machines et dans les waggons de service.

Art. 84.

§ VII.

Correspondance de service.

Art. 85.

Les dépêches de service doivent seules être transportées par les trains.

Ces dépêches doivent être sous bandes et contresignées par l'employé expéditeur.

En outre, avant de les expédier, le chef de station, ou l'employé désigné par lui à cet effet, doit les timbrer au nom de la station et porter sur l'enveloppe la date et le numéro du train.

Les dépêches contresignées par les ingénieurs en chef et ordinaires du contrôle des chemins de fer, les inspecteurs principaux et particuliers de l'exploitation commerciale, et les commissaires et sous-commissaires de surveillance administrative, sont également transportées par les trains.

Par exception, la correspondance de MM. les fonctionnaires et agents du contrôle peut être expédiée sous enveloppe, à la seule condition d'être contresignée par eux.

Art. 85 *bis*.

Les ordres de service, circulaires et avis, sont habituellement adressés sous bandes comme correspondance de service aux chefs de station qui en accusent réception de la même manière. La remise de ces instructions peut exceptionnellement et en cas d'urgence être faite à découvert par les conducteurs de train. Dans ce cas, les chefs de station signent une feuille de distribution qui leur est présentée par ces agents et leur donnent ainsi décharge des pièces qu'ils en ont reçues.

ART. 86.

ART. 87.

§ VIII.

Feuilles de route des Trains. — Registres de retard des Trains.

ART. 88.

Dans les stations d'arrivée des trains, les chefs de station doivent contrôler, avec le plus grand soin, immédiatement après chaque arrivée, les indications portées sur les feuilles de route des chefs de train. A cet effet, les chefs de train, après avoir complété leurs feuilles, doivent les remettre en main propre au chef de station ou au sous-chef de gare de service, lequel en prend connaissance en leur présence de manière à pouvoir les interroger sur leur contenu. Il est expressément interdit aux chefs de train de quitter la gare sans avoir satisfait à cette prescription. En cas de retard dans la marche des trains, les chefs de station doivent, en outre, interroger les mécaniciens et les chefs de dépôt.

Les chefs de station signent les feuilles de route, *les renvoient au chef du mouvement et portent, sur* leur rapport quotidien, *le résultat de leur information avec leurs observations.*

On doit préciser très-exactement sur les registres des retards des trains les causes de ces retards, telles que les dérangements survenus aux machines, les manques de vapeur, les manœuvres en route, les affluences de voyageurs ou de bagages, etc. etc.

§ IX.

Entretien des stations et de leur mobilier.

Art. 89.

Les chefs de station doivent faire tenir toutes les parties des bâtiments des stations, les cours, les trottoirs et les voies dans un état parfait d'ordre et de propreté.

Les fumiers provenant du nettoyage des cours sont amoncelés dans un coin, à distance des bâtiments des stations et tenus à la disposition du service de l'entretien qui les fait enlever.

Toutes les pièces affectées au service, les bureaux, dépôts, magasins, lampisteries, les cours et les trottoirs, doivent être balayés et nettoyés à fond tous les matins.

Les vestibules et salles d'attente doivent, en outre, être balayés et nettoyés plusieurs fois dans la journée.

Il en est de même des lieux d'aisance.

Les carreaux de vitre doivent être lavés et nettoyés à fond tous les samedis.

Les portes des remises, dépôts et magasins, doivent être maintenues fermées afin d'empêcher les barrières de se déjeter, et les gonds et serrures de se rouiller.

Art. 90.

Les employés, logés dans les bâtiments des stations ou leurs dépendances, doivent entretenir leur logement dans un état de propreté parfaite.

Toutes les dégradations, qui peuvent résulter de leur négligence, sont mises à leur charge.

Il leur est expressément interdit de faire faire aucune réparation et aucune construction, quelle qu'elle soit, à l'intérieur comme à l'extérieur des bâtiments, sans l'autorisation du chef du mouvement.

Il leur est également interdit d'élever des animaux de basse-cour, soit dans leur logement, soit dans les dépendances de la station.

Il est défendu de cueillir des fleurs dans les jardins des stations.

Il est aussi défendu de ramasser des herbes, de couper des branches d'arbres et de pêcher, même à la ligne, dans les fossés et caisses d'emprunt. Dans toutes les stations où il y a de l'eau pour le service des machines, elle doit être économisée avec le plus grand soin.

Il est encore défendu aux employés de chasser dans l'enceinte du chemin de fer et même d'emporter des armes à feu pendant leur service. Chaque contravention de cette nature qui sera constatée, fera l'objet d'un procès-verbal adressé aux tribunaux compétents sans préjudice des punitions qui seront infligées par la Compagnie.

Les employés logés dans les bâtiments des stations ou leurs dépendances sont astreints à la charge du logement des militaires; il leur est d'autre part interdit, d'une manière formelle, d'admettre ces militaires à loger dans les bâtiments des stations ou dans leurs dépendances. Par suite, ils auront, à l'occasion, à prendre des mesures pour que les logements des militaires soient assurés à leurs frais en dehors des dépendances de la voie.

Les chefs de station sont responsables de l'inexécution de ces prescriptions, en ce qui concerne les employés placés sous leurs ordres, comme en ce qui les concerne personnellement.

ART. 91.

ART. 92.

Le mobilier de chaque station, comprenant les meubles, appareils et ustensiles de toute nature affectés au service, est placé sous la responsabilité du chef de station.

Il est dressé, à cet effet, un inventaire détaillé de ce mobilier qui reste dans les mains du chef de station. A des époques indéterminées, mais au moins une fois par trimestre, des récolements détaillés seront faits par un inspecteur du service des magasins, en présence du chef de station, en tenant compte des entrées et des sorties survenues depuis la dernière vérification.

Tous les objets qui ne seront pas représentés lors de ces récolements et dont l'absence ne sera pas valablement justifiée, seront remplacés aux frais des employés du service auquel ils étaient affectés.

ART. 92 *bis*.

Dans toutes les gares munies de pompes à incendie, les chefs de station doivent veiller d'une manière spéciale au bon entretien de ces appareils, de tous leurs accessoires et agrès, et s'assurer qu'ils sont toujours en état de bien fonctionner. Ils doivent visiter souvent les prises d'eau, bornes-fontaines, etc. pouvant être utilisées en cas d'incendie. Les hommes d'équipe doivent être exercés à la manœuvre des pompes.

ART. 92 *ter*.

Dans toutes les stations désignées comme devant

avoir en permanence à leur disposition une boîte de secours, les chefs de station doivent conserver ces boîtes dans leur bureau, s'assurer de leur bon état constant et veiller à ce qu'elles ne soient ouvertes que lorsque cela est nécessaire.

Art. 92 *quater*.

Chaque brake à voyageurs a une boîte de secours qui est placée à demeure, dans un caisson construit sous le casier destiné au classement des feuilles de route de bagages et de messagerie et de la correspondance.

Lorsque les brakes sont gardés en réserve, les chefs de station ont le soin de veiller à ce que les boîtes de secours ne soient jamais ouvertes sans nécessité et sans leur autorisation.

Les chefs de station qui livrent aux ateliers des brakes à réparer doivent se faire donner des reçus constatant que ces brakes possèdent bien leur boîte de secours et doivent, par contre, donner reçu de ces objets lorsque les brakes réparés sortent des ateliers.

Art. 93.

Lorsqu'il y a lieu de pourvoir au remplacement d'un objet détérioré, lorsque des adjonctions de meubles, appareils ou ustensiles de toute nature deviennent nécessaires et lorsqu'il y a lieu de renouveler les approvisionnements d'imprimés ou de matières de toutes sortes, les chefs de station établissent des bons de demande au magasin, extraits d'un registre à souche (approvisionnements et magasins. mod. n° 1.) Les chefs de station adressent ces bons, huit jours au moins avant l'épuisement présumé de leur approvisionnement, au visa du chef du mouvement ou du chef du trafic, selon que les objets demandés doivent être utilisés pour l'un ou l'autre service. En conséquence il est très-important que chaque bon de demande au magasin ne comporte que des objets nécessaires à un seul service. De plus et afin de faciliter les opérations du magasin, les chefs de station peuvent avoir à créer des bons de demande de cinq catégories distinctes, savoir :

1° Les bons pour les demandes relatives aux objets en mauvais état et A RÉPARER ;

2° Les bons pour les demandes relatives aux objets mis HORS DE SERVICE ET A REMPLACER ;

3° Les bons pour les demandes en AUGMENTATION de meubles, appareils ou ustensiles quelconques ;

Les bons de ces trois catégories doivent porter sur la première ligne en caractères très-apparents les mots « Réparation » « Remplacement » ou « Augmentation » selon le cas.

4° Les bons pour les demandes d'imprimés ;

5° Les bons pour les demandes d'objets de consommation habituelle, tels que l'huile, le bois, la houille, le savon, les verres, etc. etc.

Tous les bons de demande doivent être établis avec soin, sans surcharge ni interligne ; chaque ligne doit contenir la désignation d'une seule espèce d'objets.

Tous les objets demandés sont envoyés aux stations soit avec une facture (approvisionnements et magasins mod. n° 3), soit avec un avis d'envoi (approvisionnements et magasins, mod. n° 4).

Après avoir reconnu la bonne qualité des objets reçus et l'exactitude des quantités énoncées sur l'une ou l'autre de ces deux pièces, les chefs de station copient les factures sur un registre *Journal du magasin* et les avis d'envoi sur les verso du registre « *Inventaire du matériel et mobilier.* » Ils envoient ensuite :

1° Au chef de service qui a fait donner suite à leur demande, les factures ou avis d'envoi revêtus de leur signature. (Par exception, les factures pour des objets d'uniforme livrés aux employés, sont envoyées au chef du contrôle général);

2° Au chef du service des approvisionnements et magasins, les reçus qu'ils ont détachés des factures ou des avis d'envoi, et sur lesquels ils ont apposé leur signature.

Lorsqu'il y a lieu de renvoyer au magasin soit un objet mis hors de service et à réparer ou à remplacer, soit un objet devenu inutile, les chefs de station adressent en même temps au magasin auquel ils expédient ces objets, des avis de versement extraits d'un registre à souche (approvisionnements et magasins, mod. n° 2), et ils enregistrent les envois des objets à remplacer et de ceux devenus inutiles, sur les recto du registre « *Inventaire du matériel et mobilier.* »

Ces avis doivent relater les noms de la station expéditeur et du magasin destinataire, le service qui utilisait les objets renvoyés, la valeur pour laquelle ils avaient été facturés, le nombre ou le poids et la nature de ces objets, ainsi que les motifs de la rentrée.

Les chefs de station reçoivent ensuite signés par les garde-magasin les reçus détachés des avis de versement et les réunissent à la souche.

Les demandes d'effets d'uniforme pour les employés sont établies par les chefs de station sur des imprimés spéciaux et adressées par eux au chef du service duquel dépend l'employé demandeur.

Les effets d'uniforme sont livrés par les magasins aux stations, de la même manière que tous autres objets; mais de plus, chaque employé, après avoir reconnu le bon état des effets qu'il reçoit, en donne quittance sur le bon de commande qui est retourné, épinglé à la facture, au chef du contrôle général.

Quand les employés croient avoir à se plaindre de la confection ou de la qualité des effets fournis, ils les font parvenir par la voie hiérarchique à leur chef de service.

ART. 93 *bis*.

Lorsque des machinistes demandent dans les stations, de l'huile, du suif ou d'autres matières graisseuses, il y a lieu de satisfaire à ces demandes, à la condition que les machinistes remettent en même temps leur carnet pour que l'on y inscrive la livraison.

Le suif et l'huile employés à refroidir les boîtes à graisse des voitures ou waggons, aux passages des trains dans les stations, ne doivent pas être inscrits sur les carnets des machinistes.

Quand il est nécessaire de graisser un train de marchandises à l'huile, l'huile nécessaire à cette opération est livrée au Chef de train.

ART. 94.

§ X.

Éclairage et chauffage.

ART. 95.

Les chefs de station pourvoient à l'approvisionnement de l'huile et des combustibles destinés à l'éclairage et au chauffage de leurs stations, au moyen de bons de demande au magasin dont il est fait mention à l'art. 93.

Ils doivent surveiller avec le plus grand soin l'emploi de ces matières.

Chaque mois ils adressent au chef du service des approvisionnements et magasins un rapport détaillé indiquant :

Le solde de chacune des matières dont il s'agit au premier jour du mois ;

Les réceptions du magasin dans le courant du même mois ;

Les livraisons dans la même période aux différents services ;

Et, le solde au dernier jour du mois.

Les factures qui sont présentées aux chefs de station pour fourniture de gaz, sont transmises directement par eux au chef du service des approvisionnements et magasins qui se charge d'en faire payer le montant.

ART. 95 *bis*.

Les abords des stations, c'est-à-dire, les cours, l'entrée et la sortie des voyageurs, sont éclairés par un nombre suffisant de lanternes, sans interruption, depuis le coucher du soleil jusqu'après le passage du dernier train de la journée s'arrêtant à la station.

Pendant toute la durée du stationnement des trains de voyageurs dans les gares, celui des trottoirs sur lequel le service se fait est éclairé par un nombre suffisant de lanternes, mais qui ne peut être moindre que trois.

Dans l'intervalle du passage des trains, chacun des trottoirs des stations est éclairé sans interruption par une lanterne, depuis le coucher du soleil jusqu'après le passage du dernier train s'arrêtant à la station.

Toutes les fosses à piquer le feu doivent être éclairées depuis le coucher jusqu'au lever du soleil.

L'éclairage des fosses à piquer le feu, situées dans les voies principales et dans les voies de gare est fait par les soins des chefs de station.

Celui des fosses situées dans les voies de dépôt ou des ateliers est fait par les soins des chefs de dépôt.

§ XI.

Soins à donner aux voitures dans les stations.

ART. 96.

Les voitures formant les dépôts des stations doivent être placées dans les remises, et leurs glaces doivent toujours être tenues fermées.

Toutes les fois qu'une de ces voitures rentrera au dépôt, après avoir fait un parcours sur la ligne, elle devra être nettoyée à fond.

Les coussins et garnitures des voitures de 1re et de 2me classe devront être battus au grand air, au moins deux fois par semaine.

Les remises de voitures doivent toujours être tenues fermées; les chefs de station doivent veiller à ce qu'elles ne servent pas de magasins ou d'abri aux hommes d'équipe et aux poseurs.

Il est expressément interdit aux employés de séjourner dans les voitures garées ou remisées. Les chefs de station doivent exercer, à cet égard, la surveillance la plus active, en faisant visiter souvent, et notamment pendant la nuit, l'intérieur des voitures.

Les chefs de station sont responsables non-seulement de leur propre négligence sous ce rapport, mais de celle des employés sous leurs ordres lorsqu'ils omettent de la signaler et d'appeler, s'il y a lieu, une prompte répression.

ART. 96 *A*.

Toutes les fois que des véhicules sont endommagés, soit dans des manœuvres, soit autrement, les chefs de station ou les chefs de gare doivent immédiatement en faire l'objet d'un rapport qu'ils adressent au chef du mouvement. Ce rapport doit indiquer en détail la nature de l'avarie, les circonstances dans lesquelles elle s'est produite, et les noms des employés coupables : il mentionne non-seulement les détériorations graves, mais encore celles qui peuvent paraître comparativement peu importantes et telles que les bris de chaînes, planches, etc. etc.

Les chefs de station ont à signaler, indépendamment des avaries qui ont eu lieu dans leur station, celles qu'ils reconnaissent à l'arrivée dans le matériel laissé par les trains et, à cet effet, ils s'informent auprès des chefs de train et machinistes des causes de ces avaries et des circonstances dans lesquelles elles se sont produites.

§ XI *bis*.

Formalités à remplir en cas d'incendie.

Art. 96 *B*.

Lorsqu'un incendie se déclare, soit sur le matériel ou les marchandises, soit dans les bâtiments des gares ou dépôts, soit dans les trains en marche, les agents de la Compagnie doivent prendre tous les moyens qui sont en leur pouvoir, pour en arrêter les progrès. A l'instant même de l'événement, ils doivent en donner avis par la voie la plus prompte au chef du mouvement.

Déclaration doit être faite devant le juge de paix du canton, immédiatement après l'incendie. Cette déclaration indique l'époque précise de l'incendie, sa durée, ses causes connues ou présumées, les moyens pris pour en arrêter les progrès, ainsi que toutes les circonstances qui l'ont accompagné; elle indique encore la nature et la valeur approximative du dommage.

Une expédition en forme de cette déclaration est transmise au chef du mouvement dans tous les cas, et au chef du trafic pour toutes les avaries aux marchandises ou au matériel servant habituellement à leur transport. Chaque expédition doit être accompagnée de l'état certifié des objets incendiés ou sauvés, et de l'état des frais faits pour le déplacement et la conservation des objets sauvés, avec les pièces justificatives à l'appui de cette dépense.

§ XI *ter*.

Contraventions. — Crimes et Délits. — Significations judiciaires.

Art. 96 *C*.

Les procès-verbaux dressés par les agents assermentés de la Compagnie à l'occasion d'événements de nature à motiver des poursuites sont, immédiatement après leur affirmation, envoyés directement à M. le procureur impérial près le Tribunal civil de l'arrondissement où l'infraction a été constatée. Un double de ces procès-verbaux est adressé en même temps au chef du mouvement.

Art. 96 *D*.

Les chefs de station doivent dénoncer sans retard à l'autorité compétente, tous les crimes ou délits dont ils peuvent avoir directement ou indirectement connaissance, et commis, soit dans les stations, soit sur la ligne, soit dans les trains en marche.

En prévenant MM. les procureurs impériaux, juges de paix ou maires, les chefs de station doivent, lorsqu'un commissaire de police spécial est attaché à la station, lui donner avis de la plainte adressée aux autorités judiciaires, et, dans tous les cas, en envoyer de suite copie au chef du mouvement.

ART. 96 *E.*

Les Chefs de station peuvent accepter toutes significations ou actes judiciaires quelconques, mais il leur est interdit de donner reçu de ces sortes de pièces qu'ils doivent transmettre par la voie la plus rapide au chef du mouvement.

§ XII.

Comptabilité des stations

ART. 97.

Les chefs de station doivent connaître parfaitement toutes les dispositions des instructions générales et spéciales concernant la comptabilité des stations, et être à même de remplacer, dans leur service, chacun des employés placés sous leurs ordres.

Ils sont tenus de surveiller toutes les écritures dont ils ne sont pas chargés directement.

Toutes les caisses des stations et gares sont vérifiées au moins une fois chaque mois dans le plus grand détail par les inspecteurs du trafic.

§ XIII.

Rapports.

Art. 98

Les chefs de station adressent au chef du mouvement des rapports détaillés sur toutes les parties du service dont ils sont responsables. Ces différents rapports sont fournis chaque jour ou à des époques déterminées par des instructions spéciales. (Note C page).

Lyon, le 15 octobre 1861.

NOTE A

Réglement concernant la Tenue des Employés du Mouvement.

Chefs de station de 1re classe.

Tous les Chefs de station ayant 2,400 Fr. d'appointement et au-dessus.

Tenue d'hiver.

Redingote en drap bleu. — 5 boutons aux initiales P. L. M.

Gilet droit en drap bleu. — 9 boutons aux initiales P. L. M.

Pantalon en drap bleu. — Demi-blouse.

Casquette ronde en drap bleu avec palme en or.

Paletot en drap bleu avec capuchon volant (1er type).

Tenue d'été.

Redingote et casquette d'hiver.

Pantalon en coutil gris. — Demi-blouse.

Gilet droit en coutil gris. — 9 boutons en os blanc.

Chefs de station de 2me classe.

Tous les Chefs de station ayant de 1,800 Fr. à 2,400 Fr. d'appointement.

Tenue (hiver et été).

Semblable à celle des chefs de station de 1re classe; seulement la casquette porte une palme or et argent.

Chefs de station de 3me classe.

Tous les chefs de Station ayant moins de 1,800 Fr. d'appointement.

Tenue (hiver et été).

Semblable à celle des chefs de station de 1re classe; seulement la casquette porte une palme argent.

Sous-Chefs de gare.

Ayant des appointements de 1,800 Fr. et au-dessus.

Tenue (hiver et été).

Semblable à celle des chefs de station de 2me classe.

Ayant des appointements au-dessous de 1,800 Fr.

Tenue (hiver et été).

Semblable à celle des chefs de station de 3me classe.

Elèves Sous-Chefs de gare.

Tenue (hiver et été).

Semblable à celle des chefs de station de 3me classe.

Contrôleurs à l'arrivée.

Tenue d'hiver.

Tunique en drap bleu. — 9 boutons aux initiales P. L. M.

Locomotives en or au collet.

Gilet droit en drap bleu. — 9 boutons aux initiales P. L. M.

Pantalon en drap bleu. — Demi-blouse.

Casquette ronde en drap bleu, avec galon en or, haut de 0,018, une petite étoile en or au-dessus du galon.

Paletot en drap bleu avec capuchon volant (2me type).

Tenue d'été.

Tunique et casquette d'hiver.

Gilet droit en coutil gris. — 9 boutons os blanc.

Pantalon en coutil gris. — Demi-blouse.

Contrôleurs de route.

Même tenue hiver et été que les contrôleurs à l'arrivée ; seulement la casquette porte deux galons en or, hauts de 0,018, séparés par un liseré bleu.

Receveurs et Facteurs-Chefs.

Tenue d'hiver.

Tunique en drap bleu. — 9 boutons aux initiales P. L. M.

Gilet droit en drap bleu. — 9 boutons aux initiales P. L. M.

Pantalon en drap bleu. — Demi-blouse.

Casquette ronde en drap bleu, avec galon en or, haut de 0,018.

Paletot en drap bleu, capuchon volant (2me type).

Tenue d'été.

Tunique et casquette d'hiver.

Gilet droit en coutil gris. — 9 boutons os blanc.

Pantalon coutil gris. — Demi-blouse.

Facteurs-Commis.

Même tenue hiver et été que les facteurs-chefs.

Facteurs-Surveillants.

Tenue d'hiver.

Veste longue en drap bleu. — 4 boutons à locomotive, locomotives en or de chaque côté du collet.

Gilet droit en drap bleu. — 9 boutons à locomotive.

Pantalon en drap bleu. — Demi-blouse.

Casquette ronde, forme prussienne, avec galon rouge. — Initiales P. L. M.

Vareuse en molleton avec capuchon fixe (3me type).

Tenue d'été.

Veste longue en coutil gris. — 4 boutons os blanc d'un côté.

Gilet droit en coutil gris. — 9 boutons os blanc.

Pantalon en coutil gris. — Demi-blouse.

Casquette d'hiver.

Chefs d'équipe.

Tenue d'hiver.

Veste longue en drap bleu. — 4 boutons à locomotive, deux petites étoiles en or de chaque côté du collet.

Gilet droit en drap bleu. — 9 boutons à locomotive.
Pantalon en drap bleu. — Demi-blouse.
Casquette ronde en drap bleu, avec liseré rouge. — Initiales P. L. M. une petite étoile en or au-dessus des initiales.
Vareuse molleton, capuchon fixe (3me type).

Tenue d'été.

Veste longue en coutil gris. — 4 boutons os blanc d'un côté.
Gilet droit en coutil gris. — 9 boutons os blanc.
Pantalon en coutil gris. — Demi-blouse.
Casquette d'hiver.

Sous-Chefs d'équipe.

Même tenue hiver et été que les chefs d'équipe avec une seule étoile de chaque côté du collet.

Hommes d'équipe.

Tenue d'hiver et d'été.

Blouse en toile bleue, avec liseré rouge, enfermée dans le pantalon.
Pantalon en toile bleue avec liseré rouge.
Casquette ronde en drap bleu avec liseré rouge. — Initiales P. L. M.
Ceinture de gymnastique avec liseré rouge. — La ceinture bouclée par-dessus la blouse.
Vareuse molleton, capuchon fixe (4me type).

Brigadiers d'équipe.

Même tenue que les hommes d'équipe, seulement la casquette porte une étoile en drap rouge au-dessus des initiales.

Lampistes.

Tenue d'hiver et d'été.

Blouse en toile bleue enfermée dans le pantalon.

Pantalon en toile bleue.
Casquette ronde en toile cirée, forme prussienne. — Initiales P. L. M.
Tablier en toile bleue.
Vareuse molleton, capuchon fixe (4me type).

Conducteurs des Fourgons de bagages.

Même tenue hiver et été que les facteurs-surveillants, sans locomotive au collet ; seulement la casquette a un liseré rouge au lieu d'une bande.

Gardes.

Tenue d'hiver.

Tunique en drap bleu boutonnée. — 9 boutons à locomotive.
Pantalon en drap bleu. — Demi-blouse.
Gilet droit en drap bleu. — 9 boutons à locomotive.
Fescy en drap bleu.
Vareuse molleton, capuchon fixe (3me type).

Tenue d'été.

Tunique et fescy d'hiver.
Pantalon en coutil gris. — Demi-blouse.
Gilet droit en coutil gris. — 9 boutons os blanc.

Gardes-Chefs.

Même tenue hiver et été que les gardes, à la seule différence que le fescy porte 2 galons en or de 0,018 séparés par un liseré bleu.

Chefs de train principaux.

Tenue d'hiver.

Tunique en drap bleu. — 9 boutons à locomotive.
Gilet droit en drap bleu. — 9 » »
Pantalon en drap bleu. — Demi-blouse.
Fescy en drap bleu avec deux galons or de 0,018 de haut, séparés par un liséré bleu.
Vareuse molleton, capuchon volant (2me type).

Tenue d'été.

Paletot en drap bleu léger. — 4 boutons en nacre.
Gilet droit en coutil gris. — 9 » os blanc.
Pantalon en coutil gris. — Demi-blouse.
Fescy d'hiver.

Conducteurs de train de 1re classe.

Même tenue hiver et été que les Chefs de train principaux; seulement le fescy porte un seul galon or de 0m018 de haut.

Conducteurs de train de 2me classe.

Même tenue hiver et été que les conducteurs de train de 1re classe.

Conducteurs de train de 3me classe.

Même tenue hiver et été que les conducteurs de train de 1re et de 2me classe; seulement le fescy sans galon.

Télégraphiers.

Même tenue hiver et été que les conducteurs de train; seulement garniture argent et casquette ronde en drap bleu, avec filets argent et étoile argent au-dessus de la visière et au milieu.

Cochers d'Omnibus et de Fourgons.

Tenue d'hiver.

Veste longue en drap bleu. — 4 boutons à locomotive.
Gilet droit en drap rouge. — 9 » »
Pantalon en drap bleu. — Demi-blouse.
Casquette ronde en cuir verni. — Initiales P. L. M.
Vareuse molleton, capuchon fixe (3me type).

Tenue d'été.

Veste coutil gris.
Gilet droit en coutil gris. — 9 boutons os blanc.
Pantalon en coutil gris. — Demi-blouse.
Casquette d'hiver.

Conducteurs d'Omnibus.

Même tenue hiver que les conducteurs de train de 3me classe.

L'été ils portent la tunique comme en hiver, le pantalon et le gilet de coutil gris.

Observations.

Le pantalon en molleton est facultatif pour les employés les jours de très-mauvais temps.

En été tous les employés peuvent mettre la vareuse les jours de pluie.

Les cravates noires et les chemises blanches sont seules autorisées. Cependant les chemises de couleur sont tolérées pour les hommes d'équipe. Ces derniers doivent toujours porter leur blouse boutonnée au collet et serrée à la taille par la ceinture d'ordonnance, quelle que soit la saison.

Les chaussures noires sont seules réglementaires.

Il est défendu à tous les employés de paraître dans leurs bureaux ou sur les trottoirs, en manche de chemise.

Les receveurs et facteurs-chefs peuvent pendant l'été remplacer leur tunique par le petit paletot de drap bleu des conducteurs de train, mais dans leurs bureaux seulement.

Les employés doivent toujours être en uniforme et parfaitement tenus.

Sont interdits : Les collets en velours, les manches à plus de deux boutons, les paletots ou autres vêtements non d'uniforme.

Il est formellement défendu aux employés de demander, et au tailleur de fournir des vêtements qui ne seraient pas rigoureusement conformes aux types adoptés, tant pour la couleur, la qualité que pour la forme.

NOTE B

Réglement concernant la circulation gratuite ou à Tarif réduit. (1)

1re SECTION.

CIRCULATION GRATUITE.

§ 1er. — Du droit de circulation gratuite.

ARTICLE PREMIER.

Le droit de transport gratuit dans les trains appartient :

1° A MM. les membres du Conseil d'Administration de la Compagnie qui se font reconnaître au besoin par leur médaille ;

2° Aux directeurs, ingénieurs et chefs de service de la Compagnie, portés sur l'état arrêté annuellement par le Conseil d'Administration, sur la constatation de leur identité ;

3° Aux personnes porteurs d'un permis de circulation.

§ 2. — Permis de circulation.

ART. 2.

Les permis de circulation se divisent en deux catégories :

1° PERMIS DE SERVICE, destinés exclusivement à autoriser la circulation gratuite des employés de la Compagnie et des fonctionnaires publics auxquels le cahier des charges donne le droit de libre passage ;

2° PERMIS DE FAVEUR, destinés à autoriser la circulation gratuite de personnes étrangères au service du chemin de fer.

---

(1) Les modifications intervenues à ce réglement depuis qu'il a été mis en vigueur sont en lettres italiques.

Dans l'une et l'autre de ces catégories, les permis sont de trois sortes :

1° Cartes de circulation permanente, autorisant la libre circulation pendant l'année;

2° Cartes de circulation temporaire, autorisant la libre circulation pour un intervalle limité qui ne peut excéder trois mois, ni s'étendre au delà de la fin de l'année courante;

3° Permis pour un seul voyage ou pour l'aller et retour à jours déterminés.

Les couleurs des cartes et permis indiquent les classes des voitures dans lesquelles les permissionnaires ont le droit de prendre place. Ces couleurs sont les mêmes que celles qui distinguent les billets payants.

SAVOIR :

Pour la	1re	classe,	LE BLANC.
»	2e	»	LE VERT.
»	3e	»	LE JAUNE.

ART. 3.

Il est fait usage de cartes et permis de service pour autoriser la circulation des fonctionnaires et agents des administrations publiques ci-après désignées :

1° Fonctionnaires et agents du ministère des travaux publics, préposés à la surveillance des chemins de fer;

2° Employés des douanes et des contributions indirectes envoyés en mission pour un seul voyage au moyen des permis en blanc délivrés d'avance aux directeurs des départements sur la demande du directeur général;

3° Employés des lignes télégraphiques et des postes, porteurs d'un ordre ou d'une lettre de service émanant du directeur de leur administration.

ART. 4.

Toutes les fois que des changements sont apportés dans les modèles des permis, des spécimens des nouvelles formules sont envoyés aux chefs de mouvement qui les transmettent aux chefs de station et aux contrôleurs de route, avec les instructions et explications nécessaires.

ART. 5.

Les cartes de circulation permanente ou temporaire doivent porter la signature du titulaire. Les permis pour un seul voyage doivent porter la mention que la signature du titulaire peut être requise lors des contrôles au départ, en route ou à l'arrivée.

§ 3. — Règles concernant la délivrance des permis de service.

ART. 6.

Les cartes de circulation de service permanente ou temporaire, ne peuvent être délivrées que par le Directeur de la Compagnie.

ART. 7.

Par exception aux dispositions de l'article précédent et conformément aux mesures arrêtées par l'Administration publique, d'accord avec la Compagnie, les fonctionnaires et agents du Ministère des travaux publics reçoivent directement du Ministre les cartes de service qui autorisent leur circulation gratuite.

Ces cartes, d'un modèle spécial, devront être visées au dos par le président ou par le directeur de la Compagnie.

ART. 8.

Les chefs et sous-chefs de service de l'exploitation et des travaux, savoir :

Les ingénieurs des travaux, de l'entretien et du matériel, les chefs et sous-chefs du mouvement, les chefs, sous-chefs *et inspecteurs principaux* du trafic et les chefs de traction sont autorisés à délivrer des permis pour un seul voyage aux personnes comprises dans les catégories ci-après :

1° Les employés de la Compagnie, lorsqu'ils voyagent pour cause de service, lorsqu'ils vont en congé, ou lorsque, pour cause de promotion ou de mutation, ils changent de résidence ;

2° Les femmes, les enfants et les ascendants des employés demeurant avec eux et étant à leur charge ;

3° Les ouvriers et les tâcherons envoyés sur la ligne pour l'exécution des travaux.

Il est expressément interdit aux chefs de service ci-dessus désignés, de délivrer des permis en dehors de ces catégories, d'étendre au delà d'un voyage la durée des permis et de déléguer à aucun des employés placés sous leurs ordres la faculté qui leur est donnée par le présent article. *Il doit être entendu que les permis pour un seul voyage pourront indiquer la faculté d'arrêt dans les stations intermédiaires.*

ART. 9.

Les chefs de mouvement et les chefs de station désignés par le directeur de la Compagnie, délivreront des permis de service pour un seul voyage, dans les limites déterminées par les instructions spéciales qu'ils recevront à cet égard :

1° Aux agents des postes chargés d'une mission ou d'un service accidentel et porteurs d'un ordre de service régulier délivré, à Paris, par le directeur général des postes.

2° Aux employés et agents des lignes télégraphiques, voyageant pour le service de la ligne électrique.

Art. 10

Les permis délivrés en vertu des deux articles précédents sont extraits de registres à souche. Ils sont composés de deux coupons, l'un pour l'aller, l'autre pour le retour. Ils doivent porter, sur chaque coupon, un numéro d'ordre, les nom et qualité du titulaire, le motif de la délivrance, les limites du parcours et les dates auxquelles doivent avoir lieu l'aller et le retour.

Ces divers renseignements doivent être reproduits avec soin sur la souche.

Lorsque le permis est délivré pour l'aller seulement, le coupon de retour est laissé à la souche.

Art. 11.

Les chefs de service, appelés à délivrer des permis de service pour un seul voyage, reçoivent, en compte du bureau de la direction, un certain nombre de permis dont ils doivent justifier l'emploi, en envoyant, à la fin de chaque mois, à la direction un état des permis délivrés pendant le mois, accompagné des souches. Cet état doit mentionner, pour chaque permis délivré, le numéro d'ordre, les nom et qualité du titulaire, le parcours et le motif de la délivrance. Les diverses catégories de permissionnaires (employés de la Compagnie, agents des postes, agents des lignes télégraphiques), doivent y figurer séparément.

§ 4. — Règles concernant la délivrance des permis de faveur.

Art. 12.

Les cartes de circulation permanente ne peuvent être délivrées que sur décision du conseil d'administration de la Compagnie, et elles doivent porter la signature du président du conseil et du directeur.

Art. 13.

Les cartes de circulation temporaire et les permis pour un seul voyage, destinés à des personnes autres que les employés de la Compagnie et les fonctionnaires désignés à l'article 9, ne peuvent être délivrés que par le directeur de la Compagnie.

Art. 14.

Les dispositions de l'article 10 ci-dessus, relatives à la forme et au mode de délivrance des permis de service pour un seul voyage, s'appliquent aux permis de faveur de la même nature.

§ 5. — **Transport des bagages des permissionnaires.**

Art. 15.

Les bagages des permissionnaires sont transportés gratuitement jusqu'à concurrence de 30 kil. Les excédants au delà de 30 kil. sont taxés d'après le tarif, à moins d'indication contraire portée sur le permis, *et précisant avec bagages, ou outils, ou matériaux.*

Dans le cas où un permissionnaire abuserait de cette faculté en présentant à l'enregistrement, soit des bagages appartenant à d'autres voyageurs, soit des articles de messagerie ou de mobilier, les chefs de gare de départ et d'arrivée auraient à rendre compte du fait au chef du mouvement, en indiquant le nom du permissionnaire, et la nature et le numéro d'ordre de son permis.

§ 6. — Contrôle au départ, en route et à l'arrivée.

ART. 16.

Le contrôle des permis est fait par les chefs de station ou par les contrôleurs au départ et à l'arrivée.

Ces employés prennent note au départ des numéros des permis temporaires, ou pour un seul voyage, qui leur sont présentés et retirent, à l'arrivée, des mains des permissionnaires les permis pour un seul voyage ou les cartes périmées.

Le résultat de ce contrôle est constaté au rapport journalier.

ART. 16 *bis*.

Les imprimés des permis pour un seul voyage portent que ces permis doivent être visés au départ par les chefs de gare; dans les stations de peu d'importance, cette formalité est facile à remplir; mais dans les grandes stations, il suffit que ces permis soient timbrés du nom de la station par un employé désigné à cet effet. Cette formalité est essentielle, et dans le cas où elle n'aurait pas été remplie, les contrôleurs de route et à l'arrivée, sont autorisés à percevoir le montant de la place occupée. Dans ce cas, le permis doit être joint au rapport avec une annotation particulière.

ART. 17.

Les permis de toute nature sont essentiellement personnels, ils doivent, par conséquent, être retirés immédiatement s'ils sont contrôlés dans toute autre main que celle du titulaire, et le porteur doit payer la place qu'il a occupée. Dans ce cas, le permis doit être joint au rapport avec une annotation particulière.

ART. 17 *bis*.

Les cartes ou permis de circulation non nominatifs présentés par des employés des douanes et des contributions indirectes, doivent être considérés comme valables, pourvu que les porteurs soient munis d'un ordre émanant de leur directeur et constatant qu'ils voyagent pour faire leur service.

Les permis non nominatifs, délivrés à un ou plusieurs ouvriers du service de la voie ou des bâtiments, doivent également être considérés comme valables, à la condition que les ouvriers qui en sont porteurs soient munis d'un carnet signé par un chef de section constatant qu'ils voyagent sur la ligne pour les besoins du service.

ART. 18.

Tout permissionnaire qui prend place dans une voiture d'une classe supérieure à celle indiquée sur son permis, doit payer le prix total de la place qu'il occupe et son permis lui est retiré. Il est fait mention spéciale du fait au rapport.

Cette prescription s'applique aux employés de la Compagnie, comme aux autres permissionnaires.

Elle s'applique également aux personnes munies de permis **non valables dans les trains express** qui prendraient place dans ces trains.

ART. 19.

Tout permis raturé, gratté ou surchargé est retiré des mains du porteur, qui est obligé de payer le prix de sa place, sans préjudice des poursuites que peut lui intenter la Compagnie.

ART. 20.

Tout permis dont la date est périmée est nul; le porteur est, en conséquence, tenu de payer sa place, et le permis doit être retiré pour être joint au rapport avec une mention particulière.

ART. 21.

Dans le cas où le nombre des places dans les voitures de 1re et 2e classe est insuffisant, les employés de la Compagnie, porteurs de permis de circulation, doivent abandonner leur place aux voyageurs munis de billets et monter dans les voitures de classe inférieure.

Les chefs de station et les chefs de train doivent signaler dans leur rapport tout employé qui ne se conformerait pas à ces prescriptions.

§ 7. — Contrôle central.

ART. 22.

Toutes les cartes et les permis retirés à l'arrivée doivent être transmis aux chefs du mouvement.

2me SECTION.

CIRCULATION A PRIX RÉDUIT.

ART. 23.

L'application des tarifs réduits, concernant les militaires et marins et les prisonniers, fait l'objet d'instructions spéciales et ne doit, par conséquent, être mentionnée que pour mémoire dans le présent Règlement.

ART. 24.

Les gares délivrent des billets à demi-tarif :

1° Aux enfants âgés de plus de 3 ans et de moins de 7 ans;

2° Aux indigents porteurs de passe-ports gratuits avec secours de route;

3° Aux membres des congrégations charitables auxquelles la Compagnie accorde cette faveur, sur la présentation d'une pièce dite d'obédience, revêtue du cachet de l'ordre et de la signature du supérieur.

Les receveurs doivent timbrer avec soin les passeports et obédiences, afin que ces pièces ne puissent être présentées une seconde fois au même départ.

La concession faite aux congrégations charitables ne s'étend pas aux trains express pour lesquels il ne peut pas être délivré de demi-billets de cette catégorie.

Art. 25.

En dehors de ces conditions et sauf la présentation d'un bon de remise de demi-place signé par le directeur de la Compagnie, aucune diminution ne peut être faite sur le prix des places. Les employés engageraient leur responsabilité en prenant sur eux de déférer à des demandes de cette nature, quelle que soit l'autorité par laquelle ces demandes sont formées.

Seulement, les chefs et sous-chefs de service, désignés à l'article 8 ci-dessus, sont autorisés à délivrer des bons de demi-place aux pères, mères, frères et sœurs des employés allant visiter ces employés sur la ligne.

Art. 26.

La concession de la demi-place faite en faveur des indigents et des congrégations charitables, n'implique aucune réduction sur le prix du transport des excédants de bagages qui doit être effectué aux conditions du tarif général.

Art. 27.

Les chefs, sous-chefs de gare et contrôleurs au départ et à l'arrivée, doivent, lorsqu'un billet à prix réduit leur est présenté, exiger du porteur de ce billet, communication du passeport, du bon de remise ou de l'obédience, en vertu duquel le billet a dû être délivré.

Si ces pièces ne paraissent pas régulières, ou si, à un titre quelconque, la délivrance du billet à prix réduit ne semble pas justifiée, il doit en être rendu compte au rapport, avec indication du numéro du train et de la gare qui a délivré le billet.

Les bons de remises et obédiences doivent être toujours retirés avec les billets à la gare d'arrivée.

Art. 27 *bis*.

Les membres des congrégations charitables qui figurent sur la liste des communautés voyageant à moitié prix, ne peuvent jouir de cette faveur que lorsque les lettres d'obédience dont ils sont porteurs sont conçues de la manière suivante :

Je soussigné, supérieur de la congrégation des de établie à et dont la maison-mère est à atteste qu de nos partant de (1) *se rend à* (2) *pour affaires concernant la Communauté.*

Je prie, en conséquence, la Compagnie des chemins de fer de vouloir bien accorder le bénéfice de la demi-place concédé à notre congrégation.

L religieu appelé à jouir de cette faveur se nomme

1°

2°

3°

A *le* **186**

L Supérieur,

Cachet de la Communauté,

Nota, — L'obédience n'est valable que pour un seul voyage soit à l'aller, soit au retour.

(1) Nom de la station de départ.
(2) Nom de la station d'arrivée.

TRANSPORT DES MILITAIRES DE LA GENDARMERIE.

ART. 27 *ter.*

Aucun militaire de la gendarmerie ne peut voyager dans les trains, s'il n'est porteur d'un billet, d'une réquisition ou d'un permis.

Les chefs de station ont la faculté de délivrer aux militaires de la gendarmerie, **voyageant à leurs frais**, *en permission ou en congé, des permis de transport gratuit.*

Ces permis ne peuvent être délivrés qu'aux militaires de la gendarmerie faisant partie de la brigade, de l'arrondissement dans lequel se trouve située la station à laquelle le permis est demandé.

La destination des permis ne peut jamais dépasser les limites d'arrondissement de la brigade à laquelle appartient le porteur.

En outre, ces permis ne sont délivrés que sur la demande écrite d'un brigadier, sous-officier ou officier de la gendarmerie.

Les permis destinés aux militaires de la gendarmerie sont dressés sur des cahiers à souche dont chaque station est pourvue.

Des permis de 3e classe sont délivrés aux gendarmes et brigadiers.

Des permis de 2e classe sont délivrés aux sous-officiers.

Des permis de 1re classe sont délivrés aux officiers.

Les permis ne peuvent être collectifs.

Ils sont timbrés du nom de la station qui les délivre.

Lorsqu'il est demandé des permis, aller et retour, on remet un permis pour l'aller et un permis pour le retour.

Toutes les fois qu'un chef de station délivre un permis à un militaire de la gendarmerie, il doit en faire mention sur le rapport adressé au chef du mouve-

ment, en spécifiant la destination et la classe du permis et en envoyant la demande du brigadier, sous-officier ou officier, en vertu de laquelle le permis a été délivré.

Par exception, toutes les fois qu'une réquisition faite pour le transport des gendarmes ou d'un convoi de prisonniers, détenus, etc. etc. accompagné par des gendarmes, et dont le transport n'est pas payé comptant, mentionne que la réquisition est valable pour le retour des gendarmes, le chef de la station qui fait partir le convoi délivre aux gendarmes des permis pour leur retour.

Il a soin alors d'inscrire sur le bulletin de réquisition l'annotation suivante : **Délivré un permis pour le retour,** *afin que le contrôle sache que le retour des gendarmes doit être facturé.*

De plus, sur le permis délivré dans ce cas, il inscrit les mots : **Retour de la réquisition n°** .

Les permis d'aller donnés aux gendarmes escortant la poudre, sont dressés sur les imprimés en usage pour les conducteurs de bestiaux et portent pour destination la station à laquelle l'escorte doit être relevée ou changée.

Les permis pour le retour sont des **permis de service** *pour trains de voyageurs et portent en annotation les mots :* RETOUR D'ESCORTE DE POUDRE, EXPÉDITION N°.... *de....... à.......*

Ils ne sont délivrés que pour la station indiquée comme point de départ sur le peemis d'aller, et sur le vu de ce permis qui est retiré des mains du porteur et renvoyé au chef du mouvement.

Si un gendarme d'escorte qui devait être relevé à un certain point ne l'est pas et continue sa route, le chef de station donne au gendarme qui prolonge un permis jusqu'au prochain point de changement d'escorte, et ne retire pas le permis qui aurait été dé-

livré précédemment, afin que, sur le vu des deux permis d'aller, le gendarme puisse obtenir un permis de retour à son point de départ.

Les militaires de la gendarmerie voyageant sur ordre, en mission de l'État ou en estafette, doivent prendre un billet 1/4 de place, s'ils ne sont pas porteurs de réquisitions, et ne peuvent, sous aucun prétexte, obtenir dans ce cas des permis de circulation.

NOTE C

Instructions concernant l'établissement et l'envoi des rapports et des pièces à faire parvenir au Chef du mouvement.

Les chefs de station adressent au chef du mouvement :

1° Chaque jour.

Rapport journalier sur les diverses opérations de la station., *accompagné des permis*, *bons de demi-place et lettres d'obédience.*
Procès-verbal du service télégraphique (pour les stations munies d'un poste télégraphique).
Copie des dépêches privées (pour les stations ouvertes au service de la télégraphie privée).
Bons de demande au magasin (quand il y a lieu).
Factures reçues du magasin (idem.)
Réquisitions accompagnées de leur bulletin } Pour les stations qui en reçoivent.
Feuilles de route des trains }
Livrets, feuilles matricules, quand il y a lieu.

2° Tous les samedis.

Demandes d'habillement.

3° Tous les 10 jours (1er, 11 et 21 de chaque mois).
Relevé des transports militaires.

4° Le 15 de chaque mois.

Rapport sur le personnel.
Feuilles de paie des employés de la 1re catégorie.
Etat des malades et blessés appartenant à cette catégorie.
Certificats de maladie signés du médecin de la Compagnie.

5° Le 25 de chaque mois.

Feuilles de paie des employés de la 2me catégorie.

Etat des malades et blessés appartenant à cette catégorie.

Certificats de maladie pour les dits employés.

6° Le premier jour de chaque mois.

Etat des mutations du personnel du mouvement.

Etat des bagages manquant à l'arrivée.

Etat des permis délivrés pendant le mois, accompagné des souches.

Etat ou bordereau des recettes et dépenses de la télégraphie privée (pour les stations ouvertes à ce service).

Notes des menues dépenses faites pendant le mois précédent pour le compte de la station avec autorisation du chef du mouvement.

RAPPORT JOURNALIER.

Le rapport de chaque journée comprend toutes les opérations et les faits relatifs au service de minuit à minuit classés dans l'ordre indiqué par les titres ci-dessous :

État du temps.

Doit indiquer l'état du temps à 9 h. du matin.

Reçus d'ordre de service, circulaires, lettres circulaires et avis.

Doit relater les numéros des ordres de service, circulaires, lettres circulaires et avis reçus depuis l'envoi du précédent rapport.

État du matériel.

Doit être dressé à minuit et mentionner les numéros des voitures et waggons se trouvant dans la station.

Les colonnes ayant pour titre « **Pour le service du lendemain** » doivent comprendre :

1° Le matériel en gare et nécessaire chaque matin pour assurer le service des trains de voyageurs et des trains mixtes ;

2° Le matériel de réserve qui pourra être adjoint aux trains du lendemain, soit pour assurer un transport extraordinaire, soit pour faire face aux éventualités de transport les dimanches, jours de fête, de foire ou de marché.

3° Le matériel de réserve désigné pour être expédié le lendemain sur un autre point de la ligne.

4° Enfin, le matériel reçu la veille des autres stations, en sus de la composition normale des trains, et qui, n'ayant pas pu être retourné dans la même journée, devra l'être par les premiers trains du lendemain.

On devra indiquer en dessous des numéros des véhicules dont il est question dans les deux paragraphes précédents, les noms des stations auxquelles ces véhicules devront être expédiés ou retournés.

Les colonnes ayant pour titre « **En réserve** », ne doivent comprendre que les nombres et numéros des véhicules attribués à chaque station comme réserve. Les nombres de ces véhicules ne pourront, par conséquent, jamais être supérieurs à ceux fixés, mais ils pourront leur être inférieurs des nombres de véhicules ajoutés aux trains et qui ne seraient pas rentrés dans la même journée, ou des nombres de véhicules à ajouter à la composition normale des trains du lendemain ou à diriger accidentellement sur tel ou tel point.

Les colonnes ayant pour titre « **En réparation** » comprennent le matériel à réparer sur place ou à renvoyer par prochain train aux ateliers.

Les stations dans lesquelles se trouvent des ateliers de réparation, doivent porter sur leur rapport les nombres et numéros des véhicules entrés en réparation aux ateliers, jusqu'à ce qu'ils aient été rendus et jusqu'à ce qu'ils puissent être mis en circulation et figurer comme en réserve.

Matériel pour le chauffage et l'éclairage des trains.

Doit être établi à minuit. Lorsqu'il y a des appareils de chauffage ou d'éclairage des trains en sus de la réserve prescrite on doit en indiquer la provenance à l'article « **Observations** ».

Mouvement des machines de réserve et de renfort.

Cette partie du rapport ne concerne que les stations qui ont des dépôts de machines ou des machines de réserve. Les titres des colonnes sont trop clairs pour qu'il soit nécessaire d'en donner l'explication.

Opérations de la station.

Doit indiquer les chiffres de recette conformes à ceux accusés sur les bordereaux de liquidation.

Service des trains.

Doit comprendre dans leur ordre de succession tous les mouvements de trains ou machines s'arrêtant ou non à la station et tous les détails sur les faits relatifs à la circulation des trains.

Rapport sur le personnel.

Doit relater toutes les observations sur le personnel que le chef de station croit utile de porter à la connaissance du chef du mouvement. Il est important d'indiquer dans la colonne | NOMS DES EMPLOYÉS ABSENTS détachés pour le service. | le nom de la station où l'employé absent a été envoyé.

SERVICE DES BAGAGES.

Bagages trouvés en plus.

Se rapporte seulement aux colis qui parviennent sans être enregistrés régulièrement pour la station. Ces colis doivent être inscrits chaque jour sur le rapport jusqu'à ce que le renvoi en ait été fait, soit à la station destinataire, soit au magasin central du mouvement et jusqu'à ce que mention de ce renvoi ait figuré sur le rapport.

Bagages manquant.

Doit comprendre toutes les erreurs faites dans le service des bagages, même les moins importantes et celles qui auraient été rectifiées de suite.

Les bagages manquant doivent figurer sur le rapport jusqu'à ce qu'ils soient rentrés ou jusqu'à ce que l'on ait constaté que ces colis avaient été portés par erreur sur la feuille des bagages destinés à la station.

Bagages régulièrement enregistrés et non réclamés à l'arrivée.

Doit donner chaque jour l'énumération de tous les bagages régulièrement enregistrés et non réclamés à l'arrivée jusqu'à ce qu'ils aient été livrés au propriétaire, ou renvoyés au magasin central du mouvement.

Les titres relatifs aux **erreurs commises dans l'expédition ou la réception des colis messagerie ou des waggons à marchandises, aux services de correspondance, aux services des omnibus et fourgons, aux transports sur réquisition, aux permis présentés au départ, aux cartes et permis recueillis à l'arrivée**, ne nécessitent pas d'instructions spéciales.

Objets trouvés.

Doit donner la liste et le signalement sommaire de tous les objets trouvés, soit sur la voie, soit dans les stations, soit dans les voitures, ainsi que le nom de l'employé qui les a trouvés et la destination donnée à ces objets.

Plaintes et réclamations déposées par les voyageurs.

Doit relater la copie textuelle des plaintes et réclamations déposées par les voyageurs sur le livre tenu à cet effet dans la station et les explications relatives à ces plaintes.

Observations générales.

Dans cette partie du rapport, les chefs de station consignent les observations sur tous les faits qui, par leur nature, n'ont pu trouver place dans l'intérieur du rapport, tels que accidents, contraventions, etc. et énumèrent les différentes pièces annexées au rapport.

Les faits de second ordre doivent seuls figurer aux observations; une lettre spéciale devient obligatoire pour tout ce qui a une certaine importance, même pour les demandes de congé ou de permis, l'annonce des foires ou marchés, les demandes de matériel, etc.

PROCÈS-VERBAL DU SERVICE TÉLÉGRAPHIQUE.

Les stations munies d'un poste télégraphique adressent chaque jour au chef du mouvement un procès-verbal donnant la copie de toutes les dépêches passées ou reçues et signalant les irrégularités ou les dérangements qui seraient survenus pendant la journée précédente de minuit à minuit.

COPIE DES DÉPÊCHES PRIVÉES.

Les stations ouvertes au service de la télégraphie privée adressent chaque jour au chef du mouvement la copie de chacune des dépêches privées reçues ou expédiées pendant la journée précédente de minuit à minuit.

BONS DE DEMANDE AU MAGASIN.

Lorsqu'il y a lieu d'établir des bons de demande au magasin, les chefs de station doivent se faire donner la liste de tout ce qui est nécessaire de manière à éviter l'emploi de plusieurs bons de la même catégorie dans une même journée ou à peu de jours d'intervalle.

Les **Factures du magasin**, les **Réquisitions** et les **Feuilles de route des trains** sont adressées chaque jour au chef du mouvement annexées au *rapport quotidien*.

LIVRETS, FEUILLES MATRICULES.

Les chefs de station reçoivent les livrets et feuilles matricules des chefs de service au fur et à mesure des besoins et les leur retournent après les avoir remplis.

DEMANDES D'HABILLEMENT. — MASSE.

Les demandes d'habillement sont envoyées les samedis au chef du mouvement. Elles doivent toujours relater le numéro matricule et la situation de la masse de chaque employé demandeur. Cette situation est relevée d'après l'état de la masse fourni à la fin de chaque trimestre par le contrôle.

Les demandes d'habillement ne sont exécutées que tout autant que les employés ont à leur masse une somme équivalente à la valeur des effets commandés qui doivent être désignés de façon à éviter une interprétation douteuse.

Le montant des masses d'habillement est fixé comme suit :

Pour les chefs de station, sous-chefs de gare et élèves sous-chefs de gare. . . . fr.	100
Pour les facteurs-commis, receveurs, facteurs-chefs, aides, contrôleurs, employés du télégraphe, facteurs-surveillants et chefs d'équipe.	80
Pour les hommes d'équipe et les lampistes.	40

Les comptes de masse d'habillement sont arrêtés et l'excédant est payé aux employés à la fin de chaque trimestre. Les livrets sont alors communiqués aux titulaires qui en approuvent les comptes ou font connaître leurs réclamations dans le plus bref délai.

Lorsqu'un chef de station est prévenu qu'un employé donne sa démission ou est révoqué, il doit aviser le chef du mouvement de la date à laquelle a été faite la dernière demande d'effets pour cet employé, en donner le numéro, faire connaître si les effets ont ou non été livrés, et à dater de ce moment ne lui faire aucune livraison sans y avoir été préalablement autorisé par le chef du mouvement.

RELEVÉ DES TRANSPORTS MILITAIRES.

Cet état doit être adressé les 1er, 11 et 21 de chaque mois au chef du mouvement alors même qu'il n'aurait été fait pendant ces périodes aucun transport de troupes sur réquisition.

RAPPORT SUR LE PERSONNEL.

Les résultats des examens mensuels du personnel prescrit par l'article 55 de la circulaire n° , sont transmis le 15 de chaque mois au chef du mouvement.

FEUILLES DE PAIE DES EMPLOYÉS DE LA 1re CATÉGORIE.

Dans la première catégorie sont compris tous les employés du service du mouvement autres que les chefs, sous-chefs et hommes d'équipes, les journaliers, les femmes chargées de la salubrité, les chefs lampistes et les lampistes qui forment la deuxième catégorie.

Les chefs de station envoient au chef du mouvement les feuilles de paie des employés de la 1re catégorie le 15 de chaque mois.

Ces feuilles sont établies en triple expédition, savoir :

Deux sur feuilles blanches;

Une sur feuille bleue.

Les chefs de station doivent écrire en tête des feuilles de paie sur la ligne où est imprimé en abrégé le mot *chapitre* et à la suite de ce mot, le chiffre 2 suivi du mot *Mouvement*.

Ils doivent, en outre, écrire en haut, et à gauche, le

millésime et le nom du mois ; à droite, à la suite des mots | SERVICE du.... | ceux-ci | MOUVEMENT ligne de Genève. | et enfin, au-dessous des mots : *feuille de paie, personnel,* les mots : *à payer à la station de. . .* (mettre le nom de la station).

Les titres adoptés pour les divers paragraphes classés dans ce chapitre doivent être portés dans chaque station d'une manière uniforme et invariable, sans abréviation ni addition, comme l'indique le modèle ci-dessous, et dans le même ordre ; mais on ne porte pas, bien entendu, les titres sous lesquels on n'a à inscrire le nom d'aucun employé

EMPLOYÉS DES STATIONS.....	Comprenant dans l'ordre suivant : les chefs de station, sous-chefs de gare et élèves sous-chefs de gare, facteurs commis, receveurs, facteurs-chefs, aides-receveurs et aides-facteurs-chefs, élèves receveurs ou élèves facteurs-chefs et contrôleurs.
FACTEURS SURVEILLANTS ET HOMMES D'ÉQUIPE DES STATIONS..................	Comprenant dans l'ordre suivant : les facteurs-surveillants, les gardes attachés au service intérieur de la station.
EMPLOYÉS DU TÉLÉGRAPHE...	Comprenant tous les employés attachés à ce service. (Si le poste télégraphique est occupé par des employés de l'Etat, on fait figurer sous ce titre le stationnaire responsable.
PERSONNEL DE LA SURVEILLANCE DE LA LIGNE......	Comprenant tous les gardes aiguilleurs et gardiens de passage à niveau dépendant des stations.

Le cadre *Comptes débiteurs* est rempli au bureau du mouvement.

Il est recommandé à chaque chef de station d'apporter le plus grand soin dans l'établissement de ces feuilles, tant pour l'écriture que pour la disposition ; ainsi : les titres doivent toujours être écrits en caractères saillants et très-lisiblement, les noms plus gros que les prénoms, les numéros matricules très-exacts ; aucun décompte en argent ne doit être inscrit par les stations, non plus qu'aucun arrêté en toutes lettres, et les écritures des titres ne doivent jamais dépasser les colonnes affectées à l'inscription des journées. Les titres de chaque paragraphe doivent être disposés de telle sorte qu'il reste après le dernier nom inscrit sous chacun d'eux, au moins une ligne en blanc pour faire séparément l'addition des sommes qu'il contient.

On doit choisir pour l'établissement des feuilles de paie l'imprimé que le nombre des employés rend nécessaire et faire les trois expéditions de ces feuilles conformes par page et par nom dans chaque page, afin que les additions soient les mêmes sur chaque feuille. Elles doivent être signées par les chefs de station.

On doit porter à chaque employé le nombre total de ses journées de présence, décompté comme si la feuille de paie ne s'établissait que le dernier jour du mois : c'est-à-dire que si l'employé a été présent pendant toutes les journées qui précèdent le jour de l'établissement de la feuille, et jusqu'à ce jour-là inclus, on lui porte dans la colonne *durée du service* les mots : *Tout le mois*, sauf à déduire sur les feuilles de paie du mois suivant les journées d'absence qu'il aurait pu faire entre le jour de l'établissement des premières feuilles et le dernier jour du mois auquel elles se rapportent.

On doit avoir le soin d'indiquer pour les employés qui n'ont pas été présents tout le mois; mais *sur les feuilles blanches seulement* et dans la colonne « *Observations* », la date, le motif et la durée de l'absence. En conséquence lorsqu'un employé aura été détaché temporairement dans une station pour y faire un intérim, il ne devra pas être compris sur les feuilles de paie de cette station, mais sur celles de la station à laquelle il appartient réellement.

De plus chaque chef de station fournit avec les

feuilles de paie la note détaillée de tous les employés de la 1re catégorie déplacés pour cause de service.

Les employés qui n'ont pas été présents tout le mois et qui ont été payés d'urgence ne doivent pas figurer sur les feuilles de paie établies par les stations.

ETAT DES MALADES ET BLESSÉS — CERTIFICATS DE MALADIE.

Les chefs de station doivent joindre aux feuilles de paie envoyées le 15 de chaque mois, un état des employés de la 1re catégorie qui ont été malades depuis l'établissement des feuilles précédentes, qu'ils aient ou non repris leur service le 15. Cet état doit indiquer les causes de la maladie et être fourni chaque mois alors même qu'aucun employé ne devrait y figurer. Il est appuyé des bulletins délivrés par le médecin de la Compagnie aux employés malades ou blessés.

FEUILLES DE PAIE DES EMPLOYÉS DE LA 2me CATÉGORIE.

Les chefs de station envoient le 25 de chaque mois au chef du mouvement, et en triple expédition de même que le 15 de chaque mois des feuilles de paie, sur lesquelles figurent les employés formant la seconde catégorie : chefs et sous-chefs d'équipe, hommes d'équipe, journaliers, femmes chargées de la salubrité, chefs lampistes et lampistes.

Ces employés sont classés sous les titres suivants :

1° Facteurs surveillants et hommes d'équipe des stations....	Comprenant les chefs, sous-chefs et hommes d'équipe, les journaliers, les femmes attachées au service de la salubrité.
2° Éclairage des bureaux, des stations, des trains et de la ligne.	Comprenant les chefs lampistes et lampistes.

Ces titres doivent toujours être écrits en entier, bien que sous le premier des deux aucun facteur surveillant ne doive être inscrit.

Toutes les recommandations et observations relatives à l'établissement des feuilles de paie des employés de la première catégorie sont applicables à celles à établir pour les employés de la seconde.

ETAT DES MALADES ET BLESSÉS. — CERTIFICATS DE MALADIE.

Doit être fourni d'après les instructions données pour l'établissement et l'envoi des mêmes pièces le 15 de chaque mois, en appliquant ces instructions aux employés de la deuxième catégorie et en l'arrêtant à la date du 25.

ETAT DES MUTATIONS.

Doit comprendre les mutations de toute nature survenues, pendant le mois précédent, dans tout le personnel du mouvement.

Les chefs de station doivent indiquer sur ces états :

1° Si les employés quittant la station ont été nommés à un autre emploi, ou ont donné leur démission, ou enfin s'ils ont été révoqués, et dans ce dernier cas les causes de cette mesure ;

2° Si les employés arrivant à la station sont nouvellement admis ou étaient précédemment au service de la Compagnie, et dans ces deux cas les nom et qualité de l'employé qu'ils remplacent ;

3° Dans la colonne « Observations » les mutations telles que les mariages, naissances, décès, etc. qui augmentent ou diminuent la famille des employés.

EXTRAIT DES REGISTRES DES BAGAGES MANQUANT.

Doit comprendre toutes les erreurs constatées dans le mois précédent.

ÉTAT DES PERMIS DÉLIVRÉS PENDANT LE MOIS.

On doit inscrire à part les permis délivrés aux employés du service télégraphique de l'Etat, et pour cette catégorie de permis indiquer, dans la colonne des observations, le nom de la personne qui en a demandé la délivrance. Toutes les souches des permis délivrés doivent être jointes à l'état ainsi que les coupons de retour qui n'auraient pas été émis.

BORDEREAU DES RECETTES ET DÉPENSES DU SERVICE DE LA TÉLÉGRAPHIE PRIVÉE.

Les stations ouvertes au service de la télégraphie privée doivent adresser au Chef du mouvement, sur l'imprimé modèle D, le bordereau ou relevé des dépenses et recettes faites pour le compte de ce service pendant le mois, et se conformer pour son établissement aux instructions de l'administration des lignes télégraphiques.

NOTES DES MENUES DÉPENSES FAITES PENDANT LE MOIS AVEC AUTORISATION DU CHEF DU MOUVEMENT.

Doivent être envoyées le 1er de chaque mois signées par les chefs de station et accompagnées des reçus constatant ces dépenses.

Chanoine, imprimeur à Lyon.

www.ingramcontent.com/pod-product-compliance
Ingram Content Group UK Ltd.
Pitfield, Milton Keynes, MK11 3LW, UK
UKHW020114240726
13926UKWH00011B/1219